만지면 없는 당신을 가졌어요

지성의 상상 시인선 040

만지면 없는 당신을 가졌어요

강빛나 시집

지성의상상

■ **시인의 말**

깊숙이 품었던 언어에 날개를 달아 주었다.
보이지 않는 곳까지 멀리 가기를

시도 때도 없이 바다가 그리웠던 내 안의 섬가시내
이 도시는 아직 낯설고 나는 미완의 노래를 부르며
자박자박 너에게로 간다.

상처를 먹고 조금은 자랐을까?

백지 위에 스민 내 마음이 보이면
詩의 어느 모퉁이에서 잠시 사람 냄새라 여겨 주기를

2024년 4월
강빛나

■ 차 례

1부

멀 원遠	18
문어	20
간격	22
발톱	24
치료사의 웃음	27
추락	28
방 탈출	30
괜찮아지는 습관	32
낙하의 방	34
비대면 처방전	36
폭낭, 4월	38
명예, 고양이 족보	40
P2P	42
뛰어라, 죽전역	44
고단의 다른 이름	46

2부

물텀벙 그 여자	50
주낙	52
말본새가 툭	54
진달래 피는 사이	56
석화 石花	58
꽃으로 보니 꽃	60
생일이 생겨난 엄마에게	62
3월 9일	64
나쁜 효녀도 있나요	66
분홍 슈즈	68
무거운 작심	70
고구마 빼떼기	72
노을	73
젓가락 기억법	74
파波의 마루	76

3부

처음을 늘 마지막처럼 말하고	80
슬픈 각도	82
하룻밤쯤	84
만지면 없는 당신을 가졌어요	86
최고의 남자	88
모서리	90
한 사람	93
자라나는 혀	94
화양연화	97
호수에 잠긴 달	98
말주변	100
장마 속에서 생긴 일	102
가만히를 구겨서 변덕에 넣으면	104
0의 거리	106

4부

마이나스mainas	110
밤의 질감	113
오후 세 시의 연인	114
와해瓦解	116
파문	118
겁怯	120
낡은 깃털이 된 잉꼬들	122
벽	124
카르페 디엠	126
캄캄하면 겁부터 난다는 내게	128
마지막 불꽃	130
과습過濕	132
천사의 언어	133
미네르바를 위하여	136

■ 해설 | 경계에서 새롭게 형성된 자아   139
　　_ 권영옥(문학평론가)

1부

멀 원遠

　새들이 왜 페루에 가서 죽느냐*고 내가 물었을 때
　안데스산맥 발치 모래언덕 카페지기한테 가보라고 너는 말했다

　손이 무거운 내가 도착했을 때
　조분석 섬을 떠난 가마우지 한 마리가
　마지막 임무는 영혼 태우는 일이라며
　비상하는 꿈을 꾸고 있었다
　바다의 반환점에 새파란 농담이 흐르고
　영생에 퇴적된 지층의 목소리가
　유연한 물살로 되살아오는 바예스타 군도,
　피가 식기 전에
　닿고 싶은 마지막 보류지였다
　아직 남은 것이 있어서 살고 싶은 새들이
　바다가 휩쓸고 간 갈증을 마실 때마다
　파도는 낮은 곳으로 와
　나의 일상을 살랑이었다
　터널 끝에 보이는 빛을 보기 위해
　이곳으로 온 나

가마우지 날개를 타고 창공을 휘저으며
영혼 태우는 소리를 듣고 있었다
아주 가만히

* 로맹가리의 단편소설

문어

내 높은 지능이 연체동물 중 최고라고 했다

머리만 좋을 뿐 나는 천애고아다
밤을 낮으로, 낮을 밤으로 사는 습성 탓으로
겨울 바다 밑바닥을 헤매며 바닥의 맛을 너무 일찍 알았다

가끔 어른들은 집안을 봐야 그 사람을 안다고 했다
먹물을 뿌리고 싶었다

그러기 위해 매일 웃는 연습을 했다

그들은 나를 바다의 현자라 불렀지만 바다에서 훨훨 떠도는 무념은 알지 못했다

먹고사는 일에는 몸 쓰는 것이 중요해서 발바닥부터 아려왔다
바위에 함께 몸 비빌 형제 하나 없이 홀로 선다는 것
〈

뼈대 없는 가문이란 것이
마땅히 후광 받을 곳이 없다는 것이
눈시울을 이렇게 붉히는 일인 줄 몰랐다

짧게 살더라도
한 번 눈멀었던 내 사랑 지워지지 않도록

文魚가 文語로 바뀔 수는 없을까?
그 답을 듣기 위해 오늘도 칠흑 같은 심연을 떠돈다

간격

유럽의 부호들은 가질수록 높은 언덕에 산다지
가장 멀리 떨어져서
아무에게도 보이지 않게

우리나라 가난한 사람들은 달동네를 찾는다지
꿈이 헉헉거려
어디에도 숨을 곳이 없어
마음 하나 깨지는 것쯤 아무것도 아니지

도시를 스캔한 드론처럼 하늘을 오르면
평지에서 보이지 않던 강이
사지를 떡 벌리고 있지

언제부터 거기 있었을까?

주변은 상향 조정자들이 즐기는 카약의 저장소
감출 것도 숨을 곳도 없는 사람들에겐 맨살의 혁대지

돌을 이쪽에서 던지고

저쪽에서 던져도
닿을 수 없는 물결의 간격은 좁혀지지 않는데

강의 몸살에 안전 브레이크 없는 하루가
월경증후군처럼 신경질을 부린다

지갑이 혓바닥을 자주 늘어뜨리는 날이면 백일몽을 꾼다

강 저쪽에서는 살아도 모르는 일
죽어서도 모르는 일

매일 물의 축제가 펼쳐진다

발톱

터널은 처음부터 어두운 게 아니었어요

조금 나쁜 생각을 했을 뿐
우리는 한 날 엄마에게서 태어났는데도 닮은 데가 없어요

그래도 같은 곳을 바라보기 위해 똑같은 생각을 하면서 다듬다 보니
캄캄한 자세가 만들어졌죠

불온의 습성을 아세요

여름이 오면 슬픔이 잘 말려질 것 같아 붉은 페티큐어를 샀어요
태양이 쏟아지는 모래 위에 놀이터를 새기자 새들이 몰려와 발톱을 쪼아대기 시작했어요

양육이 부족한 것들은 함부로 껍질을 쪼아 속을 파먹어도 괜찮다고 생각했거든요

숨기고 싶은 고민을 찾다가 보여주고 싶은 생각이 들면 선루프를 달게요

새는 말라깽이 좀비,
습진 곳을 후벼 파는 무좀이죠

지난해 아빠처럼
생각 없이 여자 친구에게 발을 맡기면
떨어져 나간 조각들이 꿈속에서 악어로 변해,
더 많은 조각을 찢어내죠

밤이 깊어지면 의심이 늘어나는 엄마
친척 집에 가는 것도 하루 이틀이죠
거기에는 우리의 살점을 기다리는 뱀의 눈이 많아요

불안은 필요한 만큼만 나눠 주고 우리 때문에 산다고 하지 마세요

처음에는 누구나 복숭아 웃음으로 시작하고

끝내는 건 왜 사막의 방울뱀처럼 용골로 끝내는지

희망 없는 것이 때론 지루함을 견디는 자세예요

치료사의 웃음

　떠내려간 어귀에서 미끄럼을 타고 놀던 어린 썰매가 얼음 솟대를 끼고 빙빙 돈다 협곡의 숨소리를 타진한 말이 몰려온다 그중 한때가 날숨 자락에 얹혀 꽃피던 소리로 부풀어 오르고 불어난 웃음은 바퀴를 달고 날쌘 썰매를 힘껏 밀어 올린다

　녹물이 나오고 목구멍에서
　혓바늘 숲의 웃음이 건너온다

　단물에 입수된 하루가 꽉 찬 슬픔을 방류한다

추락

사내가 떨어진 곳은 잔디밭이었다

무슨 이유일까
난간 밑이 떨어댄다

언제 마셨는지 모르는 소주 한 병 널브러져
주인의 부재를 기다리는지
7층의 공기는 몽롱한 취기에 젖어 있다

위층에서 사내를 지켜보던 비둘기 한 마리
흙이 파인 잔디에 내려와 그림자를 앉힌다

누군가는 술기운 때문이고
잠식한 우울 때문이라고도 한다

소문은 떠도는 나뭇잎 같아
그냥 두면 강물이 있는 곳으로 모였다 흩어진다

밥이 밀리고 이름이 밀리고 목숨마저 밀려나는 세상,

〈

어둠에 구멍을 뚫어 주세요

심장에 구멍이 숭숭 뚫려
창문 열면 바람결을 따라
가고 싶은 곳을 향해 발을 디뎠는지도 모른다

비둘기가 삼킨 비밀이 중환자실에서 머물다가
수술대 위에서 봉해진 사내는

잔디밭을 뒹굴어 보기나 했을까

방 탈출

한탕하고 싶었을까, 폼나게
오늘을 살아본 적 없어서 탕진하기 좋은 밤처럼

너는 짐 빠져나간 배낭 같다

피로한 한숨이 앙상한 쇄골에 걸려 버둥대고
너무 어두워서
저 혼자 용감해지는 커튼 뒤에 숨어
코인 지수가 웅덩이에 풍덩 하고 빠질 때마다
왼쪽 머리를 쥐어뜯는다

누구나 매혹당하는 동안에는
방 탈출은 쉽지 않아서

너에 대한 연민이랄까
피의 끌림이랄까

손을 내밀자
산 중턱을 넘어가는 목소리로

돌아가기엔 너무 멀리 왔어요

먼저 올라왔다고 길을 아는 건 아니어서
냉정한 사랑으로 대신 길을 터 줄까
생각하다 보면 내 피가 먼저 흐르다 멈추는 듯하다

희한한 기적이 일어날 것 같은
예감의 순간일지라도
능한 위장으로 기분 띄워주는
변명의 금고는 열지 말아야 하는데

언제고 놓았다는 너는
놓지 못하는 애착 하나를 껴안고 있다

황금 꼬리도 구차스러우면 쇠줄이 된다는 걸

괜찮아지는 습관

생각이 미끄러지는 날에는 잠을 자요
눕지 않는 머리로
뒤척이는 이불에게 숨소리가 들리도록, 근심에 전등이 떨어지지 않도록 꿈을 하얗게 펼쳐놓고

돼지꿈 한 번 꾼 적 없이 비껴난 날들뿐이죠

숫자를 모르는데 제때 등록금을 보내 주던 당신 손가락에 눈빛을 걸고, 꿈에라도 돌려줄 것이 있나 해서 돌베개를 괴고 이를 물었지만

신용카드 한도 초과, 또 한 달이 돌아왔네
넘어지고 찢어지고 백 번을 일어나도 바닥은 올라가지 않아 잠을 자요

오늘 눕지 않으면 1만 8천2백50일이 힘들어질까 봐
십일조를 받은 신이 두 눈을 뜨고 내 기도에 편들어 주길 바라며
눈을 감아요 이 밤이 지나면 세 번 부인하지 않게 졸

인 마음으로, 밤의 손등을 꼬집어요

　버려진 강아지처럼 울어 볼까

　도무지 눈꺼풀이 어둠을 포개지 못할 때
　근심을 돌려 시곗바늘에 저울을 달고 돼지꿈을 걸어 봐요 돼지 한 마리, 돼지 두 마리…

　끝까지 꿈으로 가서 잠을 밀면
　어둠 속에서 조금은 괜찮은 횡재의 축복을 받기도 한다고

낙하의 방

하루를 쏟아놓던 아빠가
입을 다물었다

우리는 암묵적으로 약속이나 한 듯
고개를 돌렸다

더 이상 불어오는 바람은
아빠의 힘줄을 당기지 않고
허공에서 그림자를 지우는데

그때마다 알고 있는 아빠보다
모르는 아빠가 쌓여갔다

보고 싶다는 말이 흘러내리는 침대에서
스마트폰을 들춰보는 일이
애완동물을 기르는 일보다 신경 쓰여
눈을 감았다

반쯤 뜬 틈새로 몽상가의 눈빛이 지나갔다

반쯤 젖은 새 한 마리도 지나갔다

아빠가 아빠였을 때
동그라미는 모두 태양이었고
거대한 말들은 바퀴를 돌리고 있었죠

언제부터인가
벽이 신음하는 아빠의 방

구겨진 지폐에서
누운 깃털에서

그리워할 것이 없는 그리움이 구부러져
덜커덩 소리가 났다

마모된 바퀴 속에서
찢긴 날개의 독수리 한 마리
큰 날개를 힘겹게 옮기고 있었다

비대면 처방전

아무 때나 만났던 약속들이
모르는 내일에 스며들지 못하고 경계에 서 있다

사람이 그리워서 만나고 지겨워서 혼자라는 말이
구두 속에 앉아 무표정하게 낡아 가는데

지난해 가을
필요함과 불편함을 자갈 줍듯이 주워 고르다
내던지고 싶었던 기분은 엄살이었을까

화장하면서 몸보다 앞서가는 들뜨는 마음
오후의 태도를 결정할 것만 같아
거울 앞에 서면 입은 하마가 된다

우린 너무 가까워서 감정이 부서지고
떠나고 싶은 가벼움이 안달을 부린다

주고받은 상처도 서로 끈이 된다는 것을
짓무르고 아무는 동안 망각을 처방받아

천천히 보고 싶음의 줄을 잡는다

올가을에는 익다 만 단풍을 장롱에서
꺼내 다림질하고
뭉친 기분은 풀어서 버려야지

화장은 한 듯, 하지 않은 듯
언제든 부르면 달려갈 약속,
꼭 밥 한번 먹자고 가만히 되뇌어 본다

폭낭, 4월

 손바닥과 기둥의 관계를 바람으로 보았을까
 폭낭이 있었다

 할아방은 가끔 아름드리 폭낭 안에서 눈을 감고 숨소리를 죽이곤 했다 뾰족하고 비뚤어진 잎 모양을 볼 때마다 누군가를 닮았다면서 줄기 곳곳을 손으로 두들기며 앓는 소리를 냈다

 멀쩡하던 삼촌의 눈동자가 초점 없이 떠돌면서부터
 신발 굽 소리 팽팽한 4월보다 할아방 쉰 기침같이 늙은
 폭낭의 늘어진 가지가 싫다고 하면서도 다 받아주고는 아무런 말도 하지 못했다

 나도 받아주지 않으려고 이쪽과 저쪽의 경계를 세웠다 두 손바닥을 공손히 내민 삼촌의 봄이 빌빌거려도 눈 하나 깜짝하지 않고 보이지 않는 곳으로 밀었다

 한 번이 어렵지 두 번이 어려울까 쉼돌 가운데를 도는

갯바람 겨드랑이가 줄기를 조이고 처대자 나는 폭낭을 몰래 파서 바람과 함께 육지로 날려버렸다

　마을 뒤편, 삼촌의 노래가 사라지고 4월의 바다에서는 할아방의 갯바람에 실린 신음이 멈췄다

　마을이 텅 비었다는 것이 처음으로 만져졌다

명예, 고양이 족보

이것은 눈부신 마법의 고양이 소유권에 대한 결투
사람들은 물러설 곳 없는 부두에서 싸웠다*

검은 가까워서
아무 때나 죽음을 기념하기 좋아

맞거나 찌르거나
사는 일이 사소해서
사소하지 않으면 목숨 걸 일없어서

나는 없고 오로지
고양이 족보가 쓰인 두루마리를 가진 사람들이
나를 어떻게 생각할까
골몰하다가 모래 위를 걸었다

거슬러 족보를 뒤적이면
무지개를 닮은 반골의 오드아이,

눈빛으로는 알 수 없어서

신비한 앙고라 고양이를 두고
사람들은 표정을 주름처럼 반복해서 구기다가

바보 같군요 당신은, 겁이 많아서

바))))))))))보))))))))))(((((((

메아리는
해변의 그림자를 흉내 내며 돌아오고

농담에 기분이 상한
진지한 사람들이

제각각 무지갯빛 안료를 눈 속에 넣고
믿고 싶은 소문만큼
발레리나 보폭으로 우아하게 사라졌다

* 알랭드 보통의 '불안'에서 인용

P2P

혁명은 극적이어야 하고 물음은 새로워야 한다

중앙은 가릴 것 없는 벌판이라 재미없다
위험해지기 위해서는 모르는 곳으로 사라져야 한다
모든 혼자는 위험하다

은밀한 디아스포라에게 잠은 사치가 된 지 오래
쉽게 쌓는다고 쉽게 무너지지는 않을 거야
둔감한 경계가 빗나가는 것을 묵인할 때도 있다

블록은 벽돌처럼 단단해 체인을 감고 오르면
내가 나답게 닿을 수 있을 것 같다

아버지는 처음부터 벌판의 중심이 아닌
가장자리나 바닥에서 맴돌았다
관계의 수직은 일찌감치 없거나 해체되어
불신자 이름에 오르지 않아도 되었다

이 밤 텅 빈 중앙을 넘는다

나를 검열하지는 마 국경은 없으니까

타우마제인, 일곱 살 때부터 난 어디든 넘나들고 싶었다
문제는 어려울수록 구미가 당겼으니까
누구보다 빠르게 마이닝을 하고
낯선 것은 블록을 쌓는 일처럼 즐거웠다

거칠한 바닥에선 믿을 건 오로지 자신이야
다 털린 아버지는 벽돌을 나르며 중얼거렸다

아찔한데도!

예측할 수 없어서
쌓은 것이 헛수고일 때도 편향적으로 재미있어서
보이지 않는 곳에서 위아래 없이
암호로 세상을 타전하는

나는 지금 위험한 골방이다

뛰어라, 죽전역

핏발 선 아침을 메고 걸었다
신발 닳는 소리가 쪼개졌다

걸음을 따라 지하철이 바빴고
역의 이름들이 유리문을 흔들었다

멀지 않은 곳에서
목들이 전화기에 인사를 하고 있었고
주문을 외듯
"뭐든 시작하고 있다는 건 아름답지 않습니까?"*라고 중얼거렸다

간밤 읽다 만 책처럼
눈이 붉어진 사람끼리 같은 자리에 앉았다
채울수록 차가워지는 게 많아
당신은 머리가 길어진다고 했고
시간이 아깝다고 했다

전화를 받으면서도 책 속을 떠다녔다

〈
어떤은 또 어떤을 달고
꼬리가 길어지는 페이지에서
시작을 다독이는 나와
끝이 분명하면 좋겠다는 당신이 신발 끈을 묶었다

어느 곳에 마음을 쏟았는지
알수록 아는 게 없는데
물음표가 다음 역을 물었다

뻑뻑한 아침이 먼저 내리고 있었다

* 기형도 「소리1」에서 인용

고단의 다른 이름

새벽을 일으키는 사내의 뒷모습이
기침처럼 칼칼하다

알람 소리는 절벽 끝을 매달고 꿈으로 뒤척인다

어디서부터 건너온 날들일까

겨울이 움찔대는 소리 외투 깃에 갇혀 포르르 떨고 있다 머리를 풀어 헤친 사람들이 하나둘 땅으로 말려 들어간다 움켜쥔 손이 호주머니 속에서 온기를 놓친다 그 손을 건네받아 체온을 덥히면 닳아버린 얼굴에 자국을 남기고 간다 표정이 닮아가는 사내와 내가 잦은 기억 위를 오른다 사내는 악몽을 꾸면서 말하는 버릇이 있고 자세를 세우지 못한 등의 각도에서 파열음이 쏟아진다 살아가는 게 오기였을까 물집 행렬이 신발 끈을 조이고 눌렸던 발목이 일어선다

60억 광년 전에 비추던 별 하나 하룻밤 사이 나아가는데

〈
우주에 고무줄을 더 퉁겨야 한다는 사내의 그 말,

몇 마디 아프다

2부

물텀벙 그 여자

물메기가 올라왔다

손 바쁜 저녁 식구들이 허겁지겁 입을 벌렸다 후루룩 넘어가던 미끈한 껍질은 목울대를 지나 바다를 감아올렸다

듬성듬성 무 하나로도 시원해질 수 있었던, 그녀의 겨울 밥상에서 사라지지 않았던, 물렁하게 풀어져야 제맛 나는 빈구석은 텀벙, 버려지고 밀려나면서 자리를 잡았다

부레 속에 남해 한쪽이 흐르고, 묵직한 망태기를 끌고 가는 젖은 무릎은 땡볕 아래서 체중이 줄어들던 물메기처럼 병실에서 말라가고 있다

물메기국 한 그릇만 먹어봤으면, 다리를 움찔 오므리면서, 밥상으로 다가가면서 홀쭉해진 가슴에 물기가 돈다
 〈

힘겹던 저녁이 길어진다 입맛 도는 순간이 목에 걸려
눈물로 밥을 후루룩 만다 등 푸른 그녀의 흔적을 찾아
남해로 남해로 기억의 지느러미를 퍼덕거리며, 간신히

주낙

아버지는 일곱 틀의 바구니를 싣고
팽팽한 어둠에 구멍을 뚫는다
종일 어머니의 손끝으로 둘레를 채운 바구니가
차례대로 바다에 던져진다

하얀 사금파리가 연결된 아릿줄에 칠게를 끼워
바다의 깊이를 어림잡아 드리우고
낙지를 유인하는 조업 방식
조류의 밤이 물살을 감았다 풀었다 한다

낚싯줄이 엉키지 않도록
일정하게 바늘을 빼고 꽂으며
바구니 가장자리 끝 바늘에 달린
낙지를 잡아 올리는 밤일은 아버지의 몫이다

산란이 끝나면 새끼의 먹이가 될 낙지를 잡으며
자식의 배를 채우는 일이 그와 같아서
어쩌면 제 몸뚱어리야 부서져도 좋을
세상의 아버지들처럼

사슬에 엮인 生의 손등이 툭 불거지곤 한다

준비한 틀을 다 비우고 나서야
바다에 맡긴 손놀림이 둥글어지는 새벽
바닥을 끌며 오는 배를 향해
눈 맑은 소녀가 손을 흔든다

눈빛이 금방 환해지는 것을 내 몸에 담는다

말본새가 툭

돌아보지 않고 걸었다

엄마를 만나고 세 시간쯤 지났을까
삼천포 장터를 지나 돌아서려는데
툴툴거렸던 몇 마디 말 때문에
머릿속 관제탑이 파동을 친다

간격은 멀어져
자꾸 멀어져 가는데

뻔히 알고도 잔물결 치는 혀의 활주로에서
말이 부딪쳐 가까운 거리로 곤두박질친다

사는 동안
웬만큼 격이 있게 말하고 산다고 생각했는데
3단 폭포수 걸러낸 득음에도
팍 떨어지는 말 무게는 어쩌지 못해

고향을 떠나오던 뱃머리 선착장에서도

엄마와 헤어지던 병원 입구에서도

주고 싶은 말과 나가는 말이 달라
물길이 차서 오르면
어느새 정은 뒤로 빠지고
간격이 멀찍게 손을 흔든다

이런 날이면
젖은 얼굴이 툭툭 발등에 얹히지 않기를
가출하는 말본새에 재갈을 물리기를

영혼의 본체에 술 한 잔 건네며
살갑지 않아도 마냥 고맙다는 사람을 위해
읍소를 한다

우린 너무 가까워서 멀다

진달래 피는 사이

   사량도 기슭에 진달래가 피었다는 소식에 이어 봄의 입꼬리를 물고 아버지 목단 꽃빛으로 쓰러지셨다 서울에서 420km를 달리는 동안, 아버지를 뒤따르는 엄마의 심장 소리가 진한 울음으로 진동을 계속했다 마음이 먼저 남해안을 달리고, 낙지 한 뭇이 딸려왔다 무뎌진 다리를 타고 목까지 휘감는 낙지들의 곡예, 남해와 목선도 딸려왔다 아버지의 검붉은 장딴지는 주낙을 감았다 풀고, 뭍으로 부친 땀 냄새가 아스팔트 위에 번졌다

   진달래는 피었는데,

   바닷속 같은 401호실
   사방에 푸른 멍울의 파도가 들썩이는데, 침대 한 칸을 차지한 채 바다를 마감한 아버지는 식솔들을 떼어내고 갯벌 위에 누우셨다 작년에 보내 준 꽃무늬 가방이 엄마와 함께 생기를 잃고 의자에 앉아 있다 외길 걷던 아버지, 부쩍 보고 싶다는 전화 목소리만이 봄 가운

데 웃고 있는데, 언제쯤 저 꽃가방은 나갈 수 있을까 시
들던 꽃목이 힘을 주고 있다

석화石花

손바닥에 푸른 청진기를 달고
바다 옆에 누워
심장 소리를 듣곤 했어요

파도의 박동을 어루만지고 있으면
은빛 외투를 걸치고 나온 호기심이
어둠을 담금질하다 가곤 했지요

스스로 몸을 바꿔 달빛을 감아올리던 밤
칠흑 주머니에 바다를 말아
살며시 적셔보곤 했었죠

뱃고동 소리가 울릴 무렵
객지의 소문을 매단 여객선의 포말을 따라가다
길을 잃어버린 적 한두 번 아니었고요

등대 불빛에 눌린 연속의 불면증이
밤새 앓다 놓친 기억을 당기다가
속살을 건드리는

쪼시게의 공격에 그만 움찔했어요

바다도 강물을 섞어 부드러워질 때,
내 몸 바위 등에 밀착해 공글리고 있어요
우윳빛으로 익어가고 있어요

꽃으로 보니 꽃

할머니 대신 열네 살에 물질을 갔을 때
한순간 테왁이 꽃으로 보인 적이 있다

바다 잎사귀 위에 말갛게 피어 나 여기 있다는 듯
자맥질할 때마다 들썩이는 꽃의 엉덩이

파도가 시퍼렇게 허리를 밀어내면 꽃은 하염없이 수면으로 올라왔으나
할머니는 물밑의 바람을 따라가라고 몸속에 들어와 말했다

겁 없이 내리꽂히는 삼세기 살빛, 물 계단을 건너 바다 한 귀퉁이를 퍼 올릴 때마다 꽃은 시들지 않으려고 몸을 흔들었다 설움은 절여지지 않았다

처음부터 뒤집어볼 수 있는 생이 아니었다
수평선을 허리에 감고 고요하게 누워 세상을 받아들이고 싶었다
〈

바다의 깊이가 겨우 한 뼘쯤으로 느껴질 때까지
해변의 슬레이트 지붕 아래에서 하얗게 늙을 때까지

아가, 꽃이 흔들리면 잠시 쉬거라 할머니의 밭은 목소리가 죽지 않고 꽃이 되어 걸어가고 있었다

몸속에 기록해 놓은 일기예보와 찬밥 한 덩이와 숨을 붙든 봄 바닷속

꽃들은 끝까지 서로를 놓지 않았다

생일이 생겨난 엄마에게

  쑥부쟁이 필 때쯤엔 몸이 먼저 아나 봐 보이지 않는 곳은 찾을 수 없는 곳이라서 엄마가 발견된 날은 생일을 다시 써야 했지 검은 천사가 손짓한 것도 아닌데 남은 날이 갑자기 짧아지고 팔을 마음대로 옮기는 간호사의 손길이 빨라졌어

  그때 사라진 비명

  엄마는 미역국 한 그릇에 밀려난 이름을 섞었어 10월 틈새 바람이 허리 밑에 깔렸지 하부에서 묽은 액체가 쏟아지고 펴지 못한 다섯 손가락이 뿌옇게 맴돌았지 그게 아닌데, 아닌데 하면서 가슴속에 잠긴 슬픔을 울울하게 토했지 튀는 것을 모르던 엄마가 자꾸 사라진 배를 움켜쥐고 과수원으로 가서

  풋사과를 낳았지 얼굴 모르는 언니와 여동생의 손에 새콤한 사과를 나누어 주었지 다시 문밖의 가족과 떨어지고 싶지 않았겠지 밀실을 가진 엄마는 문밖보다 안의 길이 더 어두워서

⟨

 통증을 긁어내는 간지럼이 필요했지 사람이 되지 못한 하얀 쑥부쟁이까지 먹었지 이따금 절단된 생각이 꺼진 가을을 불러왔어 엄마의 표정은 검은 유두와 닮아서 황금 발목에 모르는 얼굴을 새기다가 비명을 질렀지

 계절보다 먼저 배 안의 밀실이 밖을 재촉할 때 엄마, 남김없이 각혈해요

3월 9일

눈을 감았다

외롭지 않았을 사람이 더 외롭지 않기 위해

문이 열리면
발소리에 자동으로 돌아가는 목이
낯선 얼굴들로 채워져 마음마저 아득해진다

뼈가 허방에 부딪는 소리

뼈를 들고 있는 철 뼈대는 얼마만큼 가벼워지면
떠날 수 있는지를 안다

신에게 기대지 않은 두 손을 대신 모으고
천국에서 만나자는
따뜻한 슬픔이 다녀간 지 한 달

없는 숨소리에 놀란 뼈대가 목뼈를 흔들었을 때
흰 목은 세상 문을 닫으며

젖은 인사를 건넨다

오지 않을 사람이 오기 좋은 날

외롭지 않았을 사람이
더는 외롭지 않을

임시 공휴일에 눈을 감았다

살아서 가고 싶어 했던 사량도에는 매화가 붉었고

나쁜 효녀도 있나요

착하다고 들었는데
함께 살 용기가 나지 않는 무더운 밤,
머리와 발이 따로 논다

한 사람의 허연 부재를 알고부터
당신이 없으면 무너질 것 같아
하늘을 향해 팔을 뻗어 보지만
효녀는 무슨!

아무리 생각해도 나는 나
척할 수는 없잖아

하루가 다르게
신발 색 하나까지 묻는 엄마를 만나면
아이로 대할 수 없어
축축해지는 기분
이렇게 나빠도 되는 걸까

−아들이 없니, 딸이 없니

당신은 오래 있다가 와

사방 칡넝쿨에 덮여 보이지 않는 봉분에서
들려오던 하얀 가루의 말

남겨진 말이 내 주변을 에워쌀 때마다
부재의 한 사람을 불러보곤 하는데

먼 곳에서 까칠한 내 발걸음을 보고 있을까
쓸데없이 온몸이 물줄기라서,
바늘이라서,

당신 발뒤꿈치에도 못 따라가는 나는
밤새 불온한 여름을 턱턱 게워 내고 있다

분홍 슈즈

해마다 너는 다른 걸음으로 온다

눈 깜박할 새 수놓아진 꽃잎의 이력서로 봄을 준비하는 발 위에 여섯 개의 심장과 손톱만큼의 수줍음과
죄 없는 형질 사이에 말들의 눈빛을 달고 있어

벚꽃을 신에 넣은 넌 통영 뱃전에서 동피랑 언덕까지 봄물 들어 디딜 틈이 없다고

여기, 반쯤 걸친 외투는 뱃고동 편에 보낼게
꽃잎이 흩뿌려지는 날은 온종일 가슴이 부풀어 풍선을 문장에 끼워 공기보다 가볍게
너와 겹치는 슈즈를 신고
드레스 꽃 위를 뛰어다녔지만

올해는 추워서 다섯 걸음 늦었고
꽃받침에 싸인 언 발바닥은 두렵지 않을까 싶어

떠나는 것이 많은 동안 내 손가락은

남은 날을 헤아리는 버릇이 돋아나지

　겨울 풀린 춘분 보고서에
　길이가 같은 두 마음이 전부라고

　걸음이 빠른 넌 분홍 발목을 얹고 서호항 귀퉁이에 서서 꽃 비늘 자락 날리며
　발을 구른다

　내 안에 간직한 분홍빛 회상을 자귀 꽃불처럼 불러일으키는 봄밤

무거운 작심

바다 혼자 엄마를 지키게 놔둘 수 없어
CCTV를 설치했다

바람에 넘어질지 몰라요
이른 봄 밑이 미끄러우니 우리 삼 남매가 수시로 볼 게요

한두 달은 핸드폰에 지문이 쌓이도록,
개불 구멍 찾아 집게손가락 후비듯이
고향 집 문턱을 드나들다가

이내 집안 가득 봄을 들여놓고는
분홍 바람 날리는 언덕을 지키느라
엄마를 까맣게 잊었다
오빠도 남동생도 저만치 꽃구경 속에 서 있었다

CCTV는 24시간 저 혼자 엄마를 지키겠지
행동 굼뜬 독거노인 돌봄이라는 명분을 걸고
사방 넓은 화각으로 자식보다 열심히

움직임을 감지하겠지

자식들의 생각은 그저 생각에 지나지 않을 뿐

개뿔!

속옷을 갈아입으면서도 한번 쳐다보고 씩 웃었을 엄마,
가는 곳마다 조심조심 발가락에 힘을 줬을 텐데

눈 얼음 바람이 구멍 막는 줄 모르고
문턱이 늙은 몸엔 벽 되는 줄 모르고
잘 지키고 있겠거니

모처럼 들어간 고향 집엔
CCTV는 고장 나 뒹굴고
엄마의 바다에는 수평선만 혼자 꿈틀거리고 있었다

고구마 빼떼기

　땅 퍽퍽한 데서도 잘 자랐지, 갯바람이 소금기를 흩뿌리고 가거나 말거나, 는개비에 감질이 나거나 말거나, 스스로 알아 두루뭉술 자랐지

　섬 밭에서 그물은 깔개, 고구마 캔 자리 옆에 그물을 깔고, 반의반은 종자, 반의반은 매상, 나머지는 빼떼기, 빼딱빼딱 썰어 밭 한가득 널면, 햇볕이 뒹구는 자리에 해풍도 쫄랑거렸지

　고구마 종자는 뜨뜻한 큰방에서 식구처럼 익어가고, 매상액은 당장 아들 등록금으로 부치고, 이도 저도 아닌 빼떼기는 폭풍 속 어둠이 허기를 동반할 때 솥단지 안에서 팥과 함께 걸쭉하게 끓이면 섬가시내 가슴속에서도 훈김이 솟아올랐지

　오래 뒤도 잘 변하지 않지만, 빼떼기는 하얀 빈혈 일으키며 섬을 떠나지 못하던 우리들의 큰언니, 해풍에 갈기갈기 찢긴 아픈 가슴팍은 아니었을까
　물어보지, 묻지

노을

운동장에서 뛰놀던 친구들이 하나, 둘 집으로 갔습니다 나는 멍하니 내 이름을 불렀습니다

젓가락 기억법

젓가락에는 아무도 모르는 눈금이 있다

살구 밖*을 나오는 할머니
굽은 등을 펴서 먼 산 치켜올리는 시선이
내 손가락 끝에 닿아 지느러미를 철썩인다

—우리 희선이 젓가락 멀리 잡아 시집도 먼 데로 가겄다

섬이 섬인 줄도 몰랐던 그때,

뭍에서 건너온 뽀얀 다리는
햇빛을 데리고 논 적 없는
또 다른 눈부심
한 발짝 건너가고 싶은 내일이라서
섬 귀퉁이를 접어 육지로 보냈다

할머니의 혼잣말이 씨를 품었을까
그녀는 먼 곳으로 날아와
도시 속의 섬을 만들었다

〈
이제는 정붙일 때도 되었는데
무심히 한강을 건너다가
햇빛을 업고 놀던 그날이 떠올라

섬이 섬에서 섬을 만들어야 하는데

먼 데가 이곳이었을까
젓가락 한 짝을 유심히 바라본다

* 대문 밖의 사천 방언

파波의 마루

파도는 바다의 앙살일까
다가올 때는 세상없이 부드러웠다가
돌아설 때는 거침없이 속을 뒤집고 간다
이만큼 왔나 싶으면 저만큼 뒷걸음질 치고
저만큼 멀어졌나 싶으면 어느새 스윽 파고든다
달빛을 맞이하려고 아직 파도가 되지 못한 물결이
오월의 밤 뒤에 숨어 폐활량을 넓힌다
입김의 크기를 넓게 할수록
입을 틀어막을수록 숨소리는 거칠어진다
저만치 등대는 어둠의 심중을 헤아리고 있는지
바람의 걸음을 따르다가 찢겨 나온 마루에서 물안개
가 핀다
무엇이든 시작하면 직진으로 끝장을 보려는 바람
그 옆구리를 붙잡아 중심을 휘게 한다
원호를 그리며 점차 모르는 얼굴로 멀어져 간다
어쩌면 미안하지 않아도 되는 간격이 되고서야
파도는 바람을 만나 파란이 되는지
참았던 슬픔이 뾰족이 일어선다
바다의 관절이 부러지도록

기어이 지구의 수조 속을 한 번씩 뒤집고는
한동안 백지의 마음이 된다

3부

처음을 늘 마지막처럼 말하고
—아프로디테

  라떼 거품에서 바다 냄새가 났다 부풀리어 말하면 향기가 없어진다고 생각하는 남자 곁에서 하루를 견디는 건 지루했다

  남자는 벌겋게 달구어진 하루를 식히는 데만 골몰했다 도무지 꽃 피는 것을 모르고 기능이 많으면 뭐해 내겐 한 가지가 필요한데,

  이런 날은 컵 속의 하트가 미궁 속이어서, 또 근사해서 호기심 많은 눈빛이 애써 초록을 떠올렸다

  앙키세스, 내가 향하는 키프로스는 나무가 바다를 건너가는 세계!

  얽매이지 않아서 좋아, 연애를 시작하고 끝날 때마다 외쳤는데 나와 다른 생각에 무너지는 소문이 많았다

  가리는 것 없어서 심장은 바람을 흉내 냈을까 나른한 그리움을 몰고 다니다가 기다림에 금이 생기면 지킬 것

있는 여자가 금세 공작새 걸음으로 다가왔다

   여자는 아름답다는 말과 추하다는 말이 같다며 연민이 닿지 않는 남자를 소개했다 난 적어도 직진하는 바람, 순수할 수 있잖아 독수리처럼 머리 굴려 허벅지에서 말을 꺼내지 않으니까

   왜 바다는 나무가 지나갈 때마다 포말을 일으키며 방해하는지, 자고 나면 사라지고 이어지는 어제의 다짐과 같아지는지

   컵 속에서 싱싱하게 출렁이는 하트를 저어
   아리아드네의 실타래 같은 입술 흔적을 지우며, 마시는 일

   이제 지루한 남자가 선물한 마법의 허리끈은 다시 차지 않을 일이다

슬픈 각도

모래의 소문을 떠받드는 감정은
당신을 위한 나의 욕망이죠

혼자 걸어도 나쁘지 않은 길을
보폭을 맞추면서 오래도록 걸어왔어요
한 켤레의 신발이 다 닳을 때쯤
사막 장미가 지고 있다는 걸 알았죠

왼쪽에 서서 당신의 마음이 달아나지 않게 팔 힘을 다해 당겼지만
  당신의 또 다른 가면은 오른쪽으로 가면서 제 등에 독화살을 쏘아댔어요

  살찐 안갯속으로 그림자를 끌어들이다가 제 무게에 압사당했다는 말, 굽은 무게를 견디려고 뾰족한 모양이 죄다 물러 터져
  사방 지시등을 켜고 산다는 일만 개의 입이 만개했어요
  〈

신발에 붙은 모래 알갱이들의 서투른 무례쯤
가만히 들을 수밖에요

바닥의 건기가 비루하지 않게
싱거운 냄새가 당신의 가슴 방향을 맞바꾸는 일 없이
이 길에서 비의 행보를 재촉하면
우리의 모래밭에는 사막 장미 한 송이 피지 않을까요

오직 나의 의지인 한솥밥을 위해,
쏠림 없는 평정의 발자국을 위해
사하라의 은색 개미처럼 태양광선을 버리고
한 사람의 발바닥이 낮아지고 있어요

하룻밤쯤

통영항이 보이면서 귓불이 붉어졌다
귀띔 없이 찾아든 그날
물살이 보이는 곳에 고깃배 한 척
어디로든 나를 데려다줄 것 같은 비린 사내가 있어
태풍 차바도 허물지 못한 기대가
선착장에 묶여 있다

밧줄을 풀면 허벅지 사이로 갯조음 물살에 헐떡이고
항구마다 오늘을 사고파는 걸음이
빗살로 엮이는 시간

무너진 언덕 아래 사내는 남아
고향을 지키다가 작은 배로 떠 있고
운명선 같은 것
올 사람은 온다는 희망이 선착장을 밀고 가는 통영의 뱃길,

백석이 뒤척였던 포구에서 그 남자 불러내어
하룻밤쯤 나 몰라라 사랑하면 안 되나

〈
빈 소라껍데기를 지고 떠나는 바닷게처럼
등대에 업혀, 캄캄한 바다 언저리 핥고 지나가는

만지면 없는 당신을 가졌어요

   검지가 긴 나는 먹어도 배부르지 않는 어둠, 만지면 없는 당신을 가졌어요 기대를 물고 여린 봄처럼 당신을 가볍게 통과할 줄 알았나 봐요 어디에서나 나 전달법이 좋은데 대답은 머나요 당신을 많이 가져서, 아무것도 안 가져서

   목청을 새긴 창문 너머로
   약지를 흔들며 사라지는 당신
   말의 속도를 늦추고 아만다마이드

   가진 것이 없어서 배부른 하늘
   몰라서 좋았던 바닥
   어쩌면 검지에 낀 담배 연기의 저녁
   잎은 퍼런 먼지를 털며 살 속으로 미끄러지는 것 같아요

   불안한 다리를 흔드는 당신보다 풋성귀를 좋아하는 토끼를 따를까요
   당신의 주기는 반반으로 어우러지는 궁수자리, 그 아

래 원죄가 납작하게 자라고 있어요 바둑판은 고요할 때 숨을 참는지 뱉는지, 반듯한 슬픔은 당신 눈에 띄지 않게 무명지로 결의를 다지곤 해요

  배고픔과 보고픔을 품고 당신 어디쯤 자리를 잡았어요 여물지 못한 생각은 방랑벽처럼 흩어져 켄타우로스를 따라가요 물에서 소주로 바뀌기까지 소량의 진통제를 흡입해 봐요 무엇이든 반으로 자르면 빈 곳이 많아, 천적이 많은 토끼는 원시처럼 고리타분해요

  생각해 보니 아무것도 아닌 풍선 하나
  높이 띄워 목이 따라갈 때
  전신을 덮은 수피가 뒤틀어진 당신,
  내가 아파요 아프다고요

최고의 남자

눈빛이 살아 있는 한 남자가
히말라야 8,000m 안나푸르나를 오른다
고봉을 향하는 그가 숨이 차고
지켜보는 나도 숨이 차고
만난 적 없는 그의 뚝심
태양의 바퀴 되어
히말라야 저 높은 설산을 내가 오른다
눈멀어야 정상에 설 수 있는
겨울 여신 스카디처럼
빙벽을 질주하고 싶은 사람
야성의 울음이 치미는 고지에서
손이 아찔한 설벽을 안는다
땅과 가장 멀어지는 곳에서
땅이 보이는 남자
기억 속의 초크가루들이 젖은 눈으로 날아와
한 줄에 대롱거린다
크레바스의 속이 훤히 보이고
허기 붙은 배가 목젖을 타고 오를 즈음
생사를 목도한 것인지

더는 지니고 갈 것 없는 육신을 동이며
계획한 루트로 끝까지 오른다
무거운 짐도 쉽게 지는 남자
최고의 남자
굳어지기 전에 찬 육신을 받으려고
허둥거리는 나는
꿈의 복통 속에 오래 누워 있다

모서리

얼얼한 겨울밤이었네
연말을 위해 모인 막썰어횟집의 매운탕 농도가
술기운을 돋우고 있었네

폭주를 못 이긴 몸 하나가
핸드폰에 열중하던 아들의 이마 위로
우
박
처
럼
떨어졌네 순간, 눈으로 흐르는 선홍 핏물과 함께
쉴 새 없이 외마디가 떠다니고 있었네

휘발성 칼자루인가

패인 우박의 자리를 열었네
그 속엔 큰 종양 덩어리가 눈을 치뜨고 있어
우리는 그날을 달아나
시침과 분침을 거꾸로 돌리기만 했네

〈
하얗게 언 남편의 표정과
뭐라도 잡고 고쳐야겠다는 나의 생각이
가느다란 관 속에서 진공으로 흘렀네

정지된 화면이 오가는 중환자실에서
아들은 자궁에서 막 빠져나온 신생아처럼
혼자의 세상 안에 떨어져 웅크리고 있었네

−엄마의 방 옆에 붙어 있고 싶어요
그건 안 된단다 아들아, 아빠가 저곳에서 너를
기다리고 있단다 바깥으로 이젠 나와야 해

덮고 또 덮어도 가려지지 않는
흉터를 덮느라
거울 속에서 헤매는 뒷모습을
멀찍이 바라보면서

나는 술에 취한 그날의 사내를 미워하다가

신의 천사쯤으로 생각하다가
절개 자국이 선홍빛 핏물을 오므리고 있는
튤립의 봄을 기다리고 있네

한 사람

당신의 무게는
벚꽃잎보다 가벼웠나 봐요

해가 안 뜨는 줄 알았는데
밥을 먹어요

새벽보다 먼저 일어나고
저녁보다 늦게
잎이 돋았다고 당신은 더 뛰고
비가 온다고 나는 우산을 돌렸어요

잠시, 당신 이마에 주름이 몇 개였나를 생각하다가
내일 아침 찌개에는 뭘 넣을까 고민해요

벚꽃 뿌리였던 당신

당신이 없는데
어떻게
봄이 오는지
별것이 아닌지

자라나는 혀

  너의 혀가 처음 들어온 날이었다
  오렌지 껍질을 벗기며 붉은 점막 안을 두리번거리고 있었다

  밀고 오는 기세가 파르타 스파르타, 하얀 속껍질을 벗기면 비밀이 보일 것 같아, 입안으로 작은 돌기가 시간에 묻어 커지기만 하는데

  왜 자꾸 붉어지냐고 동생이 물었다 이유가 있어야 넘어가겠니
  (동생은 아직 엄마 가슴에서 잠들기 좋아하고)

  꿈의 목록 첫 번째를 통과했다, 예고 없이 나를 나에게 던져 보는 일
  웃음에 향기가 날아다녔다
  우리는 무엇을 그리워하는지 한참 입에 집중하고 바퀴를 굴렸다
  〈

한번 연애하고 결혼한 엄마는 등줄기가 서늘한 여자
촉촉한 건 한때,

나는 새콤한 맛을 생각하고 너의 심장 뛰는 소리에
기대어 발뒤꿈치를 들었다

온기일까 양손 가득 얼굴을 감싸 쥐고 햇살 방향으로
고개를 기울였던 사람
중심을 포갠 모습이 달아올라
엄마, 이상하게 등이 따뜻해요
몸에 밴 허기에 들어온 단맛을 알기는 어려워
엄마 말처럼 놀자

입속에서 외피를 걸친 알갱이들의 멍울이 봉긋하게 차
올랐다

처음을 녹이는데 유통기한이 굴러갔다
나는 가끔 목구멍을 살피다 금기를 깨물고 싶은데

붉은 생각이 떨어질 줄 몰랐다

점막 바깥에서 성장이 건너갔다

화양연화

장만옥 가시내는 허리가 매끈해서
치파오 아래서도 비단처럼 흐른다

가는 줄기를 따라 둔덕을 내려오면
내딛는 걸음마다 강물이 출렁이고
그 강물 위에는 달빛 한 움큼과
담배 연기가 서로 엉기고

사랑하다 죽어버려라*
오늘이 껴안는데

울 집 남자는 출장에도 시계추를 안고 간다
내 낭창낭창한 코르셋에 눈화살을 쏘며
날아가는 풍선

* 정호승 시 제목 인용

호수에 잠긴 달

햇빛의 양에 따라 물빛이 달라지는
루체른 호수에서
네가 건네던 한마디에
눈빛이 달라지는 내가 보였다

—당신은 자기밖에 몰라

휘어진 말의 굴절은 아래로 가라앉고
섞이지 않은 감정만 위에서 둥둥 뜨는,

강물이 원한 건 고요만이 아닌데
시간을 붙잡고 뒤웅박 치던 결의 소용돌이

너를 벗어나고 싶어 떠나왔는데
네가 없다는 생각에
세상이 가라앉아 떠오르지 않는다

가끔은 뒤집혀야 바닥이 맑아지는 바다의 속성을
물로부터 배우고 돌아오던 날

〈
너를 벗어나지 않기 위해 벗어난 내가
여기서 가슴을 열고 한없이 낮아진다는 것을

물에 잠긴 달을 보며 심장을 더듬는다

불꽃을 일으키려는 힘의 작용점이
살며시 오른쪽으로 돌아가고 있다

말주변

함께 하산하다
발길이 멎은 횡단보도

쭈그려 앉은 그의 머리 위로
하얗게 반짝이는 새치
조심스레 두 손을 올리고
빛의 경로를 따라가는데

-내가 원숭이야!

새치 두 가닥에
원숭이 비화가 끝나기도 전

저녁 밥그릇을 달그락거리다가
몇 알 남은 콩자반 위로
달싹거리는 입이 분주해
그의 얼굴에 손 올리고
위아래로 쓰다듬는데
〈

―내가 강아지야!

졸지에 원숭이 강아지 일원이 되었으니
말주변이라고는 눈을 씻고 찾아봐도 없는
삼십 년 지기 나의 당신은

장마 속에서 생긴 일

지하가 순식간 불은 빗물에 첨벙거리면
여름의 시작이었다
만날 때마다 눅눅한 짜증이 끈적였지만
껌딱지처럼 붙어 있고 싶어

상관없었다

복숭아를 세 박스쯤 먹고서야 더위를 끝내는 나는
털 알레르기가 있다는 너의 체질이 궁금했다
어쩌면 한 그루 실과를 보면서도 닮은 곳이 없어
지루하지 않겠다고 생각했다

번번이 날씨를 빗나간 외투 없는 천도복숭아 기분 같은
네 겨드랑이에서 물비린내가 올라오는 상상을 하면
그 밤부터 나무의 등 쪽을 바라보는 습관이 생겼다

집을 나설 때마다 네 입에서 곰팡이 포자가 터졌다
너는 적당한 수분의 아빠와

까칠한 단맛의 엄마와
만나도 아직 만나지 않은 반대편의 나 같았다

기억하는 후각은 비리고 물이 고인 발처럼 칙칙했다
그래도 너였으므로
난생처음 뭉근한 진흙에 발목을 빼앗기고도 무섭지 않았는데

잦은 비에 싱거운 복숭아를 베어 물고 너를 보러 간 날
등 뒤에서 폭풍 접영으로 달려오는 하마 같이
절망은 검고 단단한 뿌리로 오래 남을 줄 몰랐다

가만히를 구겨서 변덕에 넣으면

어제는 소나기 좋았고
오늘은 보슬비 좋다

우산 밑을 선호하는 젖은 어깨와
넘지 않는 선의 마른 등이 아슬아슬하게 붉어진 날

  부추 한 단을 다듬으며 착하다는 말이 싫은 이유와 보슬비가 오면 너에게 환승하는 바람의 속도만을 생각했을 뿐,
  넌 가만히 있어서 예뻐,
  사연이 되지 못한 처음 사랑이 가방 안에 레몬을 꺼내어 들고 향기를 뿌리던 말들,
  걸음이 느린 네가 우산도 없이 맨발로 뛰어오다 폭풍에 넘어지는 일

  창가를 좋아하는 사람은 내면이 어두워서라는데 빛이 되지 못한 기분이 모여 어디로 가든지
  우울에 잠겼다가 못되게 다정하기로 작정한다
  〈

몸짓에서 최대한 떨어져
여자라고 말할 때 동공을 벌려 쏘아보는 것
달콤한 것은 잠시만 좋아서 고수 풍의 착하다는 말은
모범답안처럼 지겨워

건너간다는 것은 아직 잎이 싱싱해서
내가 별이 되기 전까지 가만히, 지금처럼 그냥 걸어가길 원해

데이지꽃 젖은 골목을 지나 어디든 스며들기 좋은 빗방울을 만날 때
한 공간에 앉아 보고 싶다고 말했는데

살며시 비 갠 쪽으로 고개를 돌리면
검은 우산 하나가 몸을 덮고 암벽을 보고 있다

0의 거리

동네 뒷산이 늘 뒷전으로 밀려나듯
함께 사는 사람과 말 섞는 날은 드물어져
그의 몸은 끊임없이 신호를 보낸다

가까운 곳은 언제든 갈 수 있다고
말하지 않아도 통할 수 있다고

먼 곳을 돌아서 다시 올 때,
뒷산은 얼마나 기다렸을까
내 몸은 또 얼마나 그의 말을 흘려들었을까

오고 가는 길 저마다 달라
뒷모습 자주 붉어 와도
그랜드캐니언 협곡 위에 서서
거대 기암 내려다보며
경비행기 앞좌석에 널 앉히고 싶었다면
가까운 사이라고 말할 수 있지 않을까

뒷산, 매 발톱 툭툭 발등을 쳐도

드나드는 일은 감감

발길이 뜸하다

4부

마이나스 mainas

풀잠을 자요
말린 고양이 자세로

포도나무는 순을 뻗어 하늘에 닿고
박힌 별은 무리 지어 주위를 맴돌아요

심장이 뜨거워지도록 떠돌며
내가 당도한 곳은 깨어나기 싫은
촉촉한 꿈속,

흙냄새에 묻혀 포도즙을 짜던
덩굴손으로
불량한 세상 하나를 굴려볼게요

사랑과 광기 사이에서 역사는 시작되나요
의도하지 않은 용기를 보여주고 싶어요

물기 없는 나무에도 별꽃이 피는데
파괴하지 못한 새로움이 새로움일까요

취하지 않고 병째 들이켜는 사람이 망아忘我일까요

노안에 눈이 더 밝아지고
귀가 창창해지면
늘어나는 건 말참견뿐

틈만 나면 과육과 씨를 분리해서
박제된 눈의 곡두가 되는 건
내내 비극적인 삶 아닌가요
산다면 별의 언어로 채색하고 싶어요

밤이 솔직해지는 길목

가면을 쓰지 않았는데도
얼굴 내면의 무늬가 두터워서
양의 노래는 더 크게 울려요

나의 무한대 소리가
우주 속에 한 점 빛을 둥글게 긋는

술술 빠져드는 신이 내린 야누스의 밤입니다

소행성에서 헐렁하게 마주치기 좋은

밤의 질감

기억의 꼬리뼈는 지금도 흔적을 편직하고 있다

수고양이 울음이 밤새 어둠을 할퀴며 짝 찾는 신호에 목련꽃이 달뜨기 시작한다 건너가지 못한 말들이 주춤, 물방울 소리를 내며 연두 다리를 놓는다 마음이 따로 가는 할머니 무릎에 새로 주입한 연질이 그곳으로 흘러드는 밤, 그녀는 반세기 전 웃음이 달았던 연인의 얼굴에서 촛불을 가만히 내린다 기념일 뒤편을 걸을 때는 눈을 감으라던 말씀, 나도 언제부터인가 손등에 밥물을 맞출 때면 보.고.싶.다고 벽 속 말들이 느닷없이 튀어나와 노래를 부른다 숨찬 유혹이 홀로 쏘다니다 꼬리를 만다 그런 밤이면 달이 다리 한 쪽씩 잡고 빛을 쏘고 있다

오늘 밤, 기억의 안과 밖은 부드럽다

오후 세 시의 연인

 탄천이 보이는 창가에서 말을 삼킨 사람이 있었죠 앞은 비어 있었고 햇살이 길게 내려와 기분을 살피고 가는

 당신을 만나면 왠지 다음 말을 생각하지 않아도 된다는 것
 증명이 필요 없는 곳에서 비문은 따뜻하죠

 어젯밤 샤워기 틀고 흘린 울음은 어느 강으로 갔을까요 젖병을 꺼내놓고 내가 테이블과 가까워졌을 때, 메꽃 꽃말을 물었나요 불쑥, 육아 휴직 중이에요 당신은 천천히 웃었고 우리 동네 파스타 가게였어요

 당신이 저 멀리 자전거 타는 노부부를 가리켰죠 설핏 표정이 풍경이었어요 그곳까지 내가 갈 수 있을지 아득했어요 내가 아닌 것들만 찾아서 내가 되어도 좋겠다는 생각을 하는
 물컵이 비었다고 없는 물살에 버둥대는 조난자를 당신은 알까요
 〈

다급한 곳에서 여유 부리고, 여유 부릴 곳에서는 조급해지기도 하는 날이 많아집니다 엄마에게 아이를 맡기고 온 두 시간이 선물 같아서 세트 메뉴를 시켜놓고 둘이 먹는 기분으로 테이블을 돌렸죠

 침묵이 좋아지면 여기 있어도 빈 곳이므로
 낮도 밤도 되지 못하고 흘러가고 흘러올 때까지 여전히 나는 혼자입니다
 피라미드 속에서 당신을 키우죠

 당신은 계속 말이 없으면 좋겠고 여유가 있으면 좋겠고 깊었으면 좋겠어요 그러니 이기적인 나를 위해 착하다는 말은 접어 두기로 하죠 오늘도 나보다 나를 사랑하는 신은 아이를 맡겨놓고 어디로 갔을까요

 아이는 우유를 삼킨 가운데서도 자라고 잎이 없어도 앞선 계절이 보이는 것처럼 잠시 나를 비운 곳에서 내가 보이는 중이에요

와해 瓦解

해석되지 않는 문장을 보았어요
서두르던 오른손이 바게트를 붙잡고
왼손이 운전대를 잡으면
분주한 내가 노래를 부르고
당겨진 의자로 라디오를 들어요
여우의 꼬리를 문 6시 17분
뭉크의 절규를 말하지 않았어도
순간순간 무너져요 지금부터
그와 나의 거리를 측정해 보고 싶어요
하나가 되고 싶을수록 둘이란 걸 알았던 날
체념의 바퀴는 굴러 낯선 길로 달리고 싶었죠
반항을 알아챈 면식범이 있어도
괜찮아요 나는 떠나고
그는 남아 어차피 문장은 이어지지 않을 테니까

감지 센스를 달고 빌딩에 갇힌 여자의 신발들은 무겁죠
폐경보다 일찍 사랑을 끊은 친구의 간이침대와
여우를 길들이는 시간을 베껴요
생각이 발목에 잠긴 오늘,

서걱대는 기억을 달려온 거리에 뿌려요
그리운 것들은 떠날 때 보인다는 터무니없는
소문을 믿지 않겠어요
오늘 바게트는 검게 타고 나는 신발을 벗어요
허기를 마중 나온 어둠을 끌고
한쪽 눈目의 나라로 가고 있어요
빛 조절스위치는 누구의 손에 있나요
밤의 이면도 걷어 붉은 문장에 조립하는
속눈썹이 타는 이 순간

파문

누가 던졌을까

강물 위에는 수백 번 떨림이 있고
그 아래에는 안간힘으로 버티고 선
결의 자기장이
수억의 흔들림 잡고 있다

이 고달픈 파동이 계속될 동안
바닥까지 내려간 돌멩이는
정작 한 번도 짚어보지 못한
강물의 수심을 알아차린다

깊이를 안다는 건
만날 수 있는 경계를 촉으로 느낀다는 말

물은 깊이가 깊을수록
사방 경계벽을 갖지 않는데

어디로도 발이 닿지 않는 나는

기운 축대에 기대어
돌멩이가 남기고 간 무늬를 지우고 있다

어느 날, 베링해를 회유한 내 사랑 연어가
모천의 기슭을 거스르고 거슬러
돌멩이를 통과할 무렵

수면 속에 입술을 묻고
내가 내게 던진 경고에
파르르 떨겠지

겁怯

섹스 끝에서 죽고 싶다거나
오늘 받은 고백 끝에서 죽고 싶은

다음은 다음을 껴안지 못했다

혼자가 좋아도 싫어도 마시는 혼술처럼
만나고 오는 길은 만나지 않은 길을 엎질렀다

허벅지에서 찌리릿 센스가 작동했다
출처 없는 걱정이 밤마다 거리로 나와
뿌리도 없이 번져갔다

번지점프를 하다가 퍼지는 고함의 목젖처럼
금방 떨어질 것 같은 눈알들이
공중을 맴돌며 알알이 증식해 갔다

절망 하나씩 두르고 걸으면 되는데
허공의 옆구리에서 지독한 자국이
달에 걸려서 눈을 횅하게 했다

〈
잠을 먹고 커진 보름달처럼
고요를 밀어낸 새벽 끝에서 목청을 높였다

집을 두고 집을 나가는 사람들이나
집에서 집을 지키는 사람
모두가 혼자 자라났다

집 너머에는 너머가 떠다녔다

낡은 깃털이 된 잉꼬들

가족은 각방을 써야지

모르는 게 약이라는 아빠와
뼛속까지 알아야 한다는 엄마는
백만 분의 일만큼도
닮은 곳이 없어서
유전에서 최대한 먼 것을 당기는 힘으로
장미를 불러들여 나를 심었을 거야
가시를 문지르며 꽃피우는 일에 집중했겠지

불꽃이 사라진 잔해는 어떠했을까

몸만 빠져나온 이불같이
열꽃이 새어나간 잉꼬들의 덤덤한 눈빛으로
어쩌다 겹친 발가락은 이불 밖으로 밀려나고
굳은살이 딱딱해지는 한방에서
존재의 무거움은 조금씩 새치로 변했을 거야
옅어지는 밤의 숨결을 0으로 가지 않게 버텨
냉골의 찬 손을 막았을 거야

〈
뼛속의 시간은 알아도 몰라도 구멍을 만들고
뚫린 틈으로 표정 감춘 체념이 들락일 때도
장미 꽃망울은 향기를 잃지 않으려고
양쪽으로 가시를 내밀었겠지

아빠 엄마의 숨소리가 침묵으로 흘러들어
모래성을 쌓을 무렵 모르는 척
반반의 기울기로 달 가죽을 비집고 나와
최초의 밤꽃으로 환하게 빛나는 나

벽

몇 겹의 주름과 조각난 표정을 구겨 넣고
벗어난 눈빛도 밀어 넣고,
엄마와 함께 쉬는 공기가 힘이 들어
몇 번이고 바깥을 안으로 뒤집어
초 단위를 셉니다

지나가는 먹구름을 세워
긴 한숨을 터뜨립니다

눈동자가 여기저기 굴러가던
거실 창문에서
어긋난 고함소리에 겁을 먹습니다

출구를 찾아야겠어요

표정 없는 엄마의 얼굴이 얼굴을 덥집니다
닫아버린 관심 아래 슬픔이 흐르는지
흐르는 쪽이 그녀인지
매일 한 뼘씩 혼자 틔운 숨구멍들이

모래를 씹는 입들이
바람을 통과해 맨홀로 빠집니다

우리가 한 번이라도 같은 방향을 가리킨 적 있나요
건드리기만 하면 언제든 무너지고 싶었던
거머쥔 거푸집에 박힌 텅 빈 소리들

불안한 말들이 바람벽을 칩니다

구겨진 이름을 뭉쳐 휴지통에 버리고
껌뻑이는 입구에서 새엄마를 찾겠습니다

카르페 디엠

온기 없는 맥박을 감싸안다가 순식간,
내밀한 숨결을 따라 사라지는
남자를 보았다

아내를 위해 간병하고
바람에게 달려가 사랑을 달구는 남자

넓게 벌린 침대에서
그의 심장이 뛰고
힘줄을 타는 교성이
스크린을 적셨다

그의 맨살 위에서 땀방울이
순간순간을 건넜다

옳고 그름의 생각 너머에 정원이 하나 있다*면
흘러 어디까지 갈까

차마 이해되지 않는 장면을 붙드는 사이

능숙하게 타고 넘는 남자의 등줄기가 선명하고 깊다

* 잘랄루틴 루미의 시 인용

캄캄하면 겁부터 난다는 내게

그게 무슨 시인이냐고 핀잔이 날아왔다

어둠과 시인의 연관성을 끌고 집 앞까지 오는 사이
나를 덮어주는 대문 앞에서
아슬아슬한 치마에 동조하는 저녁은
고삐 풀린 젊음을 방목한다

열일곱, 야간 학습을 끝내고 돌아오던 내 밤길은 길었다
검은 그림자가 뒤따르던 골목길에서
아무 집이고 들어가 가슴을 쓸어내렸다
나를 지켜주지 않는 도시,
환한 길만 찾아 돌아다녔다

달라도 너무 다른 어느 별의 여인은
호리병 엉덩이를 씰룩이며 홍대로 가고 있다
아무것도 무섭지 않다는 눈빛으로
사방 호기심이 진동하는 어둠 한가운데로,

발끝은 별빛을 끌어모아 리듬을 타고

나풀거리는 머릿결은 불빛을 가리는 완벽한 하모니

나는 지금 몸의 말을 들으러 불빛 속으로 가요
몸도 때론 놀 곳이 필요하고 놀 곳은 에너지를 먹어요

겁 없는 여인은 겁 없는 밤을 운반해 도시 한복판에 모은다

부러운지 기막힌지 모르는 내 굳은 의지는
뒷모습을 스캔해 무채색의 벽면에 바른다
딱딱한 걱정이 새 나오는 새벽 옆구리가 잠을 헤쳐 놓고
누런 정적은 눈빛을 갉아먹고
동공이 창에 붙었다 떨어지는 날 선 어둠,

아직 오지 않는 것과 잠들지 못한 밤

남기고 싶은 이야기는 스물네 번째 자리에 옮겨놓으라는 듯
단박에 사라진다

마지막 불꽃

여자를 건너뛰었다, 처음으로
K병원 의사는 끝났다고 했다
아직 보낼 준비가 되지도 않았는데
떠난 거라고
별이 빛나지 않았는데 달이 지고 있었나

의사는 호르몬제를 권했다
한 달 복용해 보고… 말끝에는
뻔한 답이 기다릴 뿐
귀찮은데도 정이 든 반려동물처럼
떠나보내고 감당해야 할 그 뒤를 생각했다

경계선에 선 여자들은 미심쩍을 때를 대비해
다른 해법을 찾는다

옆 J병원의 의사는 그림자 보고 말하듯이
―마지막 불꽃을 태우는 중입니다

ㅋㅋㅋ 확신이 야무지다

〈
혼자서 그믐달이었다가 보름달이었다가
가끔 초라해지기도 했는데
불씨가 꺼지지 않은 게 분명한지
양쪽 뺨에서 열꽃이 주기적으로 타들어 간다

마음 시들지 않는 곳에서는 여자가 찰방거려
가만있어 봐
아직,
아직 불꽃 튀는 중이라잖아

과습過濕

　그날, 화단에 핀 샐비어 단물을 빨다가 설핏, 검붉은 꽃들이 후드득 하고 속옷에 떨어지던, 지금 지구 저편 그녀의 월력 끝에 숨과 숨이 하나 된 뚜껑 덮인 우물은 이제 폐기되었을까 달뜬 몸이 후면 계정에 들 시간 다시 고래 등을 찾으면 달빛은 그녀와 나를 어디로 흘려보낼지, 우물 찢긴 날 흐드러지던 깨꽃 한 아름, 성간우주의 뜨거운 기류를 통과한 나는 북극에 머리를 둔 마지막 샐비어처럼 우울한 광기에 잠기고

천사의 언어

몸의 꽃인 발가락은 지상의 심장 소리 들으며
꼼지락 피어오르지

신이 낮은 곳을 좋아하듯이
몸이 바닥에 닿는 마음
그대로 내리막길에서 고개를 숙이지

아득히 멀어서 잊기 쉬운, 박살 나기 쉬운
아차 하는 순간
뛰어내리고 싶고 그늘이 쏟아지면
무작정 걷고 싶은
가장 위험한 절벽, 몸의 꽃

가락마다 노을을 걸고 싶어
여름을 톺아냈을까

햇볕을 쬐면 용감해져
해수욕장에 벗어 던진 샌들 아래서
뒤척이던 모래알의 눈빛들

〈
걸음마다 용수철처럼 오므렸다가도
이내 튕겨 나가고 싶기도 한

겨울 건너뛰고 여름이
가르쳐주지 않아도
입속에서 둥글게 말아 놀던
유연한 물의 잠이 고개를 내밀 테지

작거나 소박해서 금세 보이지 않지만
균형을 잡고 피어오르는
숨은 히어로

머리를 수그리고
더 깊이 볼 수 있는 곳에
꽃씨가 돋아 오르고 있으니

땅의 미간이 꿈틀할 동안
〈

스프링 같은 여름이
열 개의 보드라운 천사의 언어를 세상으로 보내오지

미네르바를 위하여

눈이 부시면 올리브나무 그늘 밑으로 오세요

낮잠을 한숨 자도 괜찮고요
열매를 빻아 촛불의 심지를 만들어도 좋아요
나무에서 아라크네가 내려온다고
산 입에 거미줄이야 치겠어요

저물녘이면 올빼미 같은 눈을 부릅뜨고
그물로 짠 해먹에 걸리지 않게
씨줄 날줄 시를 짜지 않을까요

당신이 가깝게 보인다고
섣불리 보이는 혹등을 나의 혹등으로
끌어와 쓰지 않을게요

당신의 날개는 알아서 펄럭일 테고
나는 나라서 써야 할 책임이 있지만
남의 배에 손을 대는 일은 없을 거예요
〈

나는 어둠이 내리면 꾀가 생겨나요
곁에서 보면 나의 작은 왕국에는
늦은 밤까지 볼펜 굴리는 소리 요란하지요

표정을 외투처럼 벗고
시 속을 깊이 파고들어 가도 막힌 미로뿐이죠
뒤돌아서서 마음 아파해도 나 괜찮아요
비바람에 퇴적된 나이테에서
뽑아 쓸 게 무척 많거든요

■□ 해설

경계에서 새롭게 형성된 자아

권영옥
(문학평론가)

사회 구조적 모순에 의한 불편한 정서

　강빛나 시인의 시는 단정하고 부드러운 겉모습 속에 세계 부정성과 그로 말미암아 생긴 고통을 숨기고 있다. 시인은 그 속에서 계층 간 갈등을 겪는 사람들과 사회 구조적 모순 때문에 불안해하는 사람들을 보면서 마음이 고통스럽다. 시인에게서 체험들은 외부의 개인적 상황을 토대로 하지만 이 체험들은 심적 상태로 환기되는 감정 구조다. 거기에는 특수한 환경 속에서 살아온 시인의 원체험과 추체험이 녹아 있다. 만약 대도시인이 사회 병리 현상을 보게 된다면 그것들을 일상적인 상황으로 치부해 버렸을 것이다. 매일 부딪히는 현실을 자신과 상관없는 것으로만 생각했을 것이기 때문이다. 하지만 섬 환경에서 가족공동체로 살아온 시인은 특별한 상황에 직면하게 되면 그 상황을 제 일로 생각하게 된다. 게오르규 짐멜에 의하면 "대도시에서 사는 개인의 전형적인 심리적 기반은 신경과민인 데 반해, 자연적 환경에서 자란 개인들은 정신적 생활 속도가 느리면서 평탄하게 흘러간다고 말한다." 환언하면 자연적 환경에서 가족공동체로 살던 시인이 대도시로 이주해 옴에 따라 직간접적으로 경험하는 사회적 병리 현상에 대해 내적 본능이 불안해질 수 있다는 것이다. 이 점을 염두에 두면, 시인의 시는 원체험과 추체험을 통해 총체적 심리 세계를 깊이 탐색하려는 의지를 드러낸다고 할 수 있다. 시인의 시가 단정한 미문을 구사하는 데도 불구하고 환기되는 메시지가 충돌 관계를 보인다면 이 때문일 것이다. 충돌 관계는 사회의 부정성에 대한 대립에서 발생하고, 또한 가족공동체 가치관의 약화에서도 갈등이 생긴다. 그로 인해 시인의 정신 구조가 시의 본질적 요소로 작용한다는 점에서 가벼운 태도의 시 감상을 거부한다는 의미다. 거기에 관한 시편은 (「문어」, 「괜찮아지는 습관」, 「겁怯」, 「간격」, 「발톱」, 「방 탈출」, 「P2P」) 등이다.

허벅지에서 찌리릿 센스가 작동했다

출처 없는 걱정이 밤마다 거리로 나와

뿌리도 없이 번져갔다

번지 점프를 하다가 퍼지는 고함의 목젖처럼

금방 떨어질 것 같은 눈알들이

공중을 맴돌며 알알이 증식해 갔다

— 「겁怯」 일부분

지난해 아빠처럼

생각 없이 여자 친구에게 발을 맡기면

떨어져 나간 조각

들이 꿈속에서 악어로 변해

더 많은 조각을 찢어내죠

밤이 깊어지면 의심이 늘어나는 엄마

친척 집에 가는 것도 하루 이틀이죠

거기에는 우리의 살점을 기다리는 뱀의 눈이 많아요

— 「발톱」 일부분

'겁'에서 화자는 친밀한 대상과 부조화로 인해 극치감이 소멸하면서 만나지 않은 미래까지 엎질러 버린다. 대상과의 단절은 서로 합일되지 못하는 부조화 관계에서 발생한다. 그런데도 화자는 그 대상과 단절했다는 이유로 불안해한다. 이 경우 불안(anxiety)은 외부 세계에서 오는 현실적 불안으로, 화자가 어떤 위험성을 알기에 그것을 통제하려는 본능이다. 자신을 지켜줄 외부 세계가 없다면 인간은 불안함을 느낀다. 처음부터 대상이 화자의 배경 역할을 하지 않았다면, 화자는 이 상황에 대해 두렵지 않았을 것이다. 그런데 배경에 대한 지식이 있기에, 자신을 지켜줄 외부 배경이 사라진다는 점에서 화자는 불안해한다. 이를테면 "출처 없는 걱정이 밤마다 거리로 나와 뿌리도 없이 번져"가고, "눈알들이 공중을 맴돌며 알알이 증식해" 가는 화자의 불안한 상황은 꿈에서도 나타난다. 화자의 아버지는 여자 친구에게 발을 주어, 그 발 조각들이 악어로 변해 더 많은 조각을 찢어내는 모습까지 보이기도 한다. '발'은 아버지의 자유로운 몸이다. 그런 발을 엄마가 아닌 여자 친구에게 맡기고, 또 조각까지 내는 상황은 가족 해체를 의미한다. '악어', '눈알', '발톱', '뱀의 눈' 등 각각의 기표들은 병치 은유로 모아져 화자의 불안한 상태를 표현하고 있다. 이처럼 가족공동체는 화자에게 안도감이나 신뢰감을 주지 못하는 존재들이다. 따라서 화자의 무의식 정서는, 원체험과 추체험이 부분적으로 남아 두려움에서 불안으로 변용되었다고 할 수 있다.

이외에도 시인은 시에서 대상의 불안을 통해 사회 일각에서 일어나는 부정성을 비판하고 있다. 부정적인 사회는 단적으로 말할 수 없을 만큼 복잡다단한 갈등 구조를 갖추고 있다. 그 구조는 자본주의가 낳은 폐해인데, 사회경제적 성장과 수혜의 불균형에서 오는 계층 간의 갈등 체계이다. 또한 다변화된 사회에서 물질에 최우선 가치를 둔 타자들이 탈물질화됨에 따라 초자아의 도덕성 해체로 인해 그들은 불안해한다. 결국 시작품을 통해 시인은 '뼈대'와 '비트코인'이라는 미학적 코드 변환을 거쳐 자본주의가 낳은 구조적 모순을 보여주고 있다.

시작품에서 드러나는 사회의 구조적 모순은 무엇이고, 이 문제로 인해 대상은 어떤 정신적 현상을 겪는지 살펴보고자 한다.

네 높은 지능이 연체동물 중 최고라고 했다

머리만 좋을 뿐 나는 천애고아다
밤을 낮으로, 낮을 밤으로 사는 습성 탓으로
겨울 바다 밑바닥을 헤매며 바다의 맛을 너무 일찍 알

앉다

가끔 어른들은 집안을 봐야 그 사람을 안다고 했다. 먹
물을 뿌리고
싶었다

… 중략 …

뼈대 없는 가문이라는 것이
마땅히 후광 받을 곳이 없다는 것이
눈시울을 이렇게 붉히는 일인 줄 몰랐다
— 「문어」 일부분

「문어」는 사회적 속성과 내면적 속성이 맞물리면서 감정이 갈등에서 시작되어 불안으로 변용된 시다. 문어는 왜 불안한가? 머리는 좋은데, 천애고아이기 때문이다. 드넓은 바다에서 문어는 자신을 지켜 줄 외부 배경이 없어 불안하다. 그 불안은 "밤을 낮으로, 낮을 밤으로" 살아야 먹히지 않고 안전하게 살 수 있다. 더욱이 문어는 "**뼈대 없는 가문**"이라서 마땅히 후광 받을 곳이 없다. 앞에서도 말했듯이 이러한 존재는 넓은 바다에서 언제 사건화될지 모른다. 그런데

도 관습적인 인간은 "집안을 봐야 그 사람을 안다"라고 말한다. 사회의 구조적 모순을 여실히 보여주는 사례이다. '집안'은 뼈대 있는 가문을 의미하고, '그 사람을 안다'고 하는 환유는 예의범절과 사회적 골격을 갖춘 품성 좋은 사람이란 걸 의미한다. 전통적인 관습이 사회적 잣대로 들어오면 그 사회는 '부'와 '빈곤'의 불균형을 초래해 빈부의 갈등 양상을 드러낸다. 예컨대 사회적 인간이 강으로 빈부의 경계를 지으면 부자들의 상징은 '카약'이 되고, 가난한 자들의 상징은 '혁대'가 된다. (「간격」) '부와 빈곤', '배경 있는 가문과 배경 없는 가문', '섬과 대도시' 등이 서로 경계를 두면 계층 간의 갈등이 일어난다. "집안을 봐야 한다"는 말에 문어는 사회적으로 고립된 연체동물일 수밖에 없다. 그것이 눈시울 붉히는 말과 연결되면서 시인은 '문어'를 추체험으로 끌어올려 목소리를 강조하고 있다. 목소리의 의미는 계층 간의 갈등과 사회적 통념이 한 개별체에게 불안을 형성하게 하는 정신적 사건이다. 그 때문에 화자는 '文魚'에서 '文語'로 변환 코드가 필요하다고 역설한다.

 이외도 불안은 변화하는 외부 세계를 대상으로, 생산성과 물질적 가치에 목표를 둔 사람들의 정서를 나타낸다.

  한탕하고 싶었을까, 폼나게

오늘을 살아본 적 없어서 탕진하기 좋은 밤처럼

너는 짐 빠져나간 배낭 같다

피로한 한숨이 앙상한 쇄골에 걸려 버둥대고
너무 어두워서
저 혼자 용감해지는 커튼 뒤에 숨어
코인 지수가 웅덩이에 풍덩 하고 빠질 때마다
왼쪽 머리를 쥐어뜯는다

－「방 탈출」 일부분

  사회는 사람과 사람 사이 관계성에 의해 생산성을 높이고, 부의 가치를 창출한다. 그에 반해 이 시에서 사회는 인간과 인간 간 대화가 아니라, 인간과 컴퓨터 간 접속을 통해 시장의 유동성을 증폭시키고 있다. 대상의 성공 여부는 가상화폐와 직결된다. 비트코인 지수가 내려가면 대상의 행동은 "어두운 커튼 뒤에 숨어 머리를 쥐어뜯는다." 이러한 행동은 '부'에서 '빈'이라는 변동성의 차이로 인한 불안 본능이 작용한 것이다. 그만큼 코인이 대상에게 매혹의 기표로 작용한 셈이다. 이러한 점으로 봤을 때, 대상이 탈물질화를 경험한다고 해도 방 탈출은 용이하지 않다. 연민 감정이 강한 화자는 대상에게 "능한 위장으로 기분 띄워주는/변명의 금고는 열지" 않겠다고 하지만 결국 화자는 "피로한 한숨이 앙상한 쇄골에 걸려 바둥대"는 대상의 불안한 모습을 보면서 금고를 열어줄 것이다. 이처럼 비트코인이 인간과 인간 사이 편리한 신뢰 검증 과정을 용이하게 하는 건 사실이다. 그렇다고 해도 대상이 물질주의에 최우선 목표를 두고 있는 한, 그의 부 축적은 쇠줄보다 못하게 된다. 따라서 이 시는 "짐 빠져나간 배낭 같"은 대상의 외양에서 현대인의 물질주의에 물든 불안한 정서를 엿볼 수 있다.

 이 시편에서 시인은 가족공동체의 갈등과 사회의 구조적 모순에서 오는 부정성을 원체험과 추체험, 실존적 체험 그리고 상상력의 구체적이고 생생한 이미지 창조를 통해 자신도 알 수 없는 무의식의 변형 세계로 확대해 간다. 다시 말해 이 세계에서 시인은 현대인의 일렁이는 충동과 불안 등을 보여주는 총체적 심리 세계를 열어가고 있다.

원체험과 고향의 현실적 체험에서 나타나는 정서적 태도

 현대사회에서 국가와 국가 간, 개인과 개인 간, 가족 간의 갈등으로 인해 개별 존재는 불안하다. 이 부정적인 사회에서 시인이 개별자로 현실을 살아간다는 것은 힘이 든다. 왜냐하면 물질적 충동과 내적 욕망의 의지가 강한 사람들은 쉽게 괴리를 느낄 수 있기 때문이다. 그 때문에 시인의 감정에는 불안감이 커지게 되며, 시인은 이것을 시적 태도로 발전시킨다. 이러한 세계에서 벗어나고 싶은 시인의 탈주 욕망은 감정 전환과 삶의 활력을 증진시키기 위해 고향 체험으로 변화 양상을 드러내고 있다. 모름지기 고향은 정신과 육체가 생동감을 얻고, 사회적으로도 의식, 무의식의 기초가 되어야 한다. 더욱이 시인에게서 고향은 지역 정서나 민족 정서를 승화시킬 수 있는 곳이고, 미의식의 열망을 드러낼 수 있는 곳이다. 하지만 원체험과 현실적 체험을 통해서 보면, 시인은 고향에 대해 욕망과 불안 그리고 부정적인 정서를 가지고 있다. 시인의 심리적 구조는 생명의 본능보다는 죽음의 본능에 가까운 나머지 슬픈 정서를 띤다. 이를테면 쇠락한 고향과 가까운 타자에게서 받은 중층 고통은 상실감으로 인해 상승작용을 한다. 이외에도 상실감은 대상의 이상, 욕망, 자유의 억압에서 경험하게 되는데, 이러한 감정은 모두 슬픔과 맥을 같이 한다. 따라서 이 시편에서 시인은 원체험과 고향의 현실적 체험에서 오는 불안, 욕망, 슬픔을 드러냄으로써 하나의 총체적 심리 세계를 보여준다고 할 수 있다. 시편으로는 (「폭낭, 4월」, 「물텀벙 그 여자」, 「주낙」, 「말본새가 툭」, 「진달래가 피는 사이」, 「석화石花」, 「꽃으로 보니 꽃」, 「3월 9일」, 「분홍슈즈」, 「고구마 빼떼기」) 등이 있다.

먼저 현실적 고향 체험에서 바다와 어머니의 병실 상황이 화자의 시야에 들어온다. 이외에도 고향 지인들이 좌절된 탈주의 욕망을 보여준다. 이때 화자의 심리적 상황은 의식과 무의식의 감정선으로 연결되어 슬픔과 불안으로 나타난다.

부레 속에 남해 한쪽이 흐르고, 묵직한 망태기를 끌고 가는 젖은 무릎은 땡볕 아래서 체중이 줄어들던 물메기처럼 병실에서 말라가고 있다

─「물텀벙 그 여자」 일부분

뱃고동 소리가 울릴 무렵
객지의 소문을 매단 여객선의 포말을 따라가다
길을 잃어버린 적 한두 번 아니었고요

등대 불빛에 눌린 연속의 불면증이
밤새 앓다 놓친 기억을 당기다가
속살을 건드리는
쪼시게의 공격에 그만 움찔했어요

- 「석화石花」 일부분

위의 시에서 나타나는 화자의 정서는 슬픔이다. 이 감정은 단순히 화자의 자의식 과잉이 아니다. 대상들의 신체적 고통과 탈주 욕망이 화자에게 전이되어 화자는 타나토스 충동을 느낀다. 섬과 관련된 타나토스적 세계는 고통스러운 화자의 감정 상태와 삶의 본능이 대항하는 경우이다. 그 경우 화자의 슬픈 감정이 표면으로 나타나게 되는데, 이 슬픔은 젖은 무릎이 "땡볕 아래서 체중이 줄어들던 물메기처럼 병실에서 말라가"는 상태를 표현한다. 대상이 '아프다'는 목소리보다 '병실에서 말라간다'는 말은 화자를 더욱 슬프게 한다. 인간은 듣는 소리보다 들리지 않는 암시를 통해 독자를 더 자극하듯, 이 묘사 또한 암시를 통해 화자의 슬픔을 극대화하고 있다. 그 때문에 화자는 '물메기의 바다'를 통해 엄마와 자신을 동일시하는데, 이는 타나토스적 세계의 한 표현이다. 이뿐만 아니라 「석화石花」에서도 석화가 육지를 동경하다 곧장 '쪼시게'의 공격을 받아 욕망을 상실하게 된다. 이때 "움찔"은 석화의 몸 긴장 상태를 보여주지만, 열린 욕망이 순간적으로 닫히는 현상이기에 화자는 욕망을 무의식에 눌러두려는 억압의 한 기제로 설명한다. 이뿐만 아니라 "해풍에 갈기갈기 찢긴 아픈 가슴을 가진 우리들의 큰언니"

(「고구마 빼떼기」)에서도 대상은 "하얀 빈혈"을 앓으며 섬에서 탈주하고 싶은 욕망을 드러낸다. 하지만, 현실적 상황이 그들에게 일렁이는 감정을 억압하고 있다. 따라서 고향은 대상들에게 굴레로 작용하는데, 이를 지켜보는 화자는 슬프기만 하다.

  이외에도 섬이 주는 화자의 불안은, 불안을 넘어 비극 속에 강화되는 대상의 '죽음'을 환기하고 있다. 대상의 죽음은 화자에게 타나토스적 세계를 경험하게 한다. 하이데거에 의하면 죽음이란 "존재와 무가 전적으로 합치되며, 정감성은 불안한 감정으로 귀착된다"라고 한다. 늘 같이 있던 대상이 탄생 이전으로 돌아가 현상계에서는 볼 수 없는 상태, 즉 주체와 객체 관계가 사라지는 사건, 그것이 죽음이다. 이러한 죽음은 인간의 유한성을 의미하는데, 이를 본 화자의 심리상태는 불안하다. 결국 화자의 불안하고 슬픈 감정은 섬을 바탕으로 하는 사람들의 유한성과 관계가 있다.

    눈을 감았다

    외롭지 않았을 사람이 더 외롭지 않기 위해

    문이 열리면

발소리에 자동으로 돌아가는 믁이

낯선 얼굴들로 채워져 마음마저 아득해진다

뼈가 허방에 부딪는 소리

뼈를 들고 있는 철 뼈대는 얼마만큼 가벼워지면

떠날 수 있는지를 안다

신에게 기대지 않은 두 손을 대신 모으고

천국에서 만나자는

따뜻한 슬픔이 다녀간 지 한 달

없는 숨소리에 놀란 뼈대가 목뼈를 흔들었을 때

흰 목은 세상 문을 닫으며

젖은 인사를 건넨다

오지 않을 사람이 오기 좋은 날

외롭지 않았을 사람이

더는 외롭지 않을

〈

임시 공휴일에 눈을 감았다

　　살아서 가고 싶어 했던 사량도에는 매화가 붉었고
　　　　　　　　　　　　　－「3월 9일」 전문

　인간의 죽음은 근원적인 시간을 바탕으로 하고 있다. 유한성의 존재가 현상계에서 볼 수 없다는 것은 무가 되어 근원적인 시간으로 돌아간다는 의미다. 하지만 이 시에서의 무는 비존재로서의 무의 무가 아니다. 죽거나, 죽어가는 대상이 상대성을 단절시키는 무다. 대상이 죽음에 이르렀을 때 낙지가 존재의 목을 휘감으며 슬픈 행위를 펼치고, 그 대상이 탄 구급차를 따라 남해와 목선도 함께 달려온다. (「진달래 피는 사이」) 화자가 자기 손뼈로 대상의 목뼈를 흔드는 행위도 역시 유한성을 지닌 개별 존재의 죽음과 맞닥뜨리고 싶지 않은 불안에 대한 회피다. 하지만 죽음 앞에 있는 대상은 세상 문을 닫으며, "천국에서 만나자는" 마지막 인사를 남긴다. 사물, 화자 등이 보여주는 일련의 과정이나 죽어가는 대상의 마지막 인사는 '슬픔의 정한'과 연결되면서 화자의 불안하고 슬픈 정서를 극대화하고 있다. 예컨대 "외롭지 않았을 사람"이 죽었으므로 "더는 외롭지 않"게 되었다고 하는 화자의 역설은 모순점을 통해 자기반성의 심화된 깊이를 보여주고 있다. 화자의 반성은 섬으로 "살아서 가고 싶어 했던" 죽은 대상의 마음을 직시하지 못한 것에 대한 부족함이다. 그 점에서 이 시는 화자의 정신적 주지화를 말하는데, 이 주지화는 사량도의 붉은 매화를 왕성한 생명력으로 표현하지만 이미 대상은 소멸한 존재라서 이항 대립적 충동만 남게 된다. 따라서 화자의 마음은 에로스적 충동과 타나토스적 충동의 경계에서 슬픔이 발생한다.

　이런 점에서 볼 때, 특수한 경험과 죽음을 전제로 한 시인의 정서적 태도는 '불안'과 '슬픔'이다. 이는 '물 텀벙', '엄마', '석화', '우리의 언니들', '공휴일에 눈 감은 사람' 등으로 표현된다. 타자들은 육지에 대한 욕망보다 억제해야 하는 슬픔이 크고, 바다를 생계 수단으로 하는 또 다른 타자의 병은 생의 소멸로 이어진다. 더욱이 타자의 죽음이 세계에 '존재한다', '안 한다'로 발화되기보다는, 살필 수 없고 재현될 수 없는 기다림이기에 시인의 감정은 극한의 슬픔으로 치닫는다. 이 슬픔은, 시인의 고향에 대한 체험을 감정의 토대로 삼지만, 결국 시인이 의도하는 것은 슬픔에 대한 환기성이다. 이 시들은 환기되는 정서적 태도와 욕망이 하나로 융합되는 시인의 심리 구조를 보여주고 있다.

　두 번째 원체험은 쾌락의 정서적 태도와 연관이 있다. 어린 시절 경험한 원체험은 시인의 기억 속에 남아 어떻게든 정서를 간섭하고 있다. 원체험의 함축적 의미는 사람의 어린 시절 기억에 남아 있는 그 어떤 것들이 현재 정서를 지배하는 유년 체험이다. 유년의 기쁜 정서는 시인에게 소망충족으로 나타난다. 소망 충족은 어린 시절의 바람이 기억에 남아서 정서에 작용하는 일종의 꿈이다. 이 시에서 원체험은 분홍색과 관련이 있다. 분홍이 주는 기쁜 정서는 가끔 타자와 시인의 기억을 뚫고 올라와 둘의 기분을 환하게 밝힌다.

    벚꽃을 신에 넣은 넌 통영 뱃전에서 동피랑 언덕까지
  봄물 들어 디딜 틈이 없다고

    여기, 반쯤 걸친 외투는 뱃고동 편에 보낼게
    꽃잎이 흩뿌려지는 날은 온종일 가슴이 부풀어 풍선을
  문장에 끼워 공기보다 가볍게
    너와 겹치는 슈즈를 신고
    드레스 꽃 위를 뛰어다녔지만

    … 중략 …

    걸음이 빠른 넌 분홍 발목을 얹고 서호항 귀퉁이에 서
  서 꽃 비늘 자락 날리며

발을 구른다
　　　　　　　　　　　　　　　－「분홍 슈즈」 일부분

　이 시에서 화자의 원체험은 색깔 코드(code)로 나타난다. 분홍색 코드는, 사회적 약속이 아니지만 문화와 관습의 체계, 즉 세계 질서에서 어떤 의미를 밝혀낼 수 있는 관습의 원리다. 분홍색은 여자 어린아이의 발랄함과 따뜻함, 행복한 감정을 표현한다. 어린 시절 화자와 대상이 "공기보다 가볍게" '분홍 슈즈'를 신고 '드레스 꽃 위'를 뛰어다녔던 원체험은 지금까지도 기억에 남아 행복한 감정으로 출몰한다. 어린 시절의 대상, 장소, 사물은 화자에게 정서적 안정과 에너지원이 된다. 아직까지 그 외부적 대상은 화자와 단절하지 않은 채, "분홍 발목을 얹고 서호항 귀퉁이 서서 꽃 비늘/자락 날리며/발을" 구르는 그런 관계로 발전해 왔다. 화자는 둘의 행위를 원체험과 현실적 체험에서 나타나는 비유와 상징을 사용하여 기쁜 정서를 드러내고 있는데, 기쁨은 쾌락원칙의 하나로 인생의 감화적인 부분을 표현하고 있다.
　결국 시인은 원체험을 통해 에로스적 세계를 드러내고, 고향에 대한 현실적 체험을 통해 타나토스적 세계를 드러낸다. 이 두 세계는 대립적인 충동이 하나로 융합되어 작동하면서 격동을 겪는 현대인의 삶 과정을 밝히고 있다.

부정성에 대응하는 욕망과 억압의 경계

　시인은 고향 체험과 사회, 가족공동체에 나타나는 불건강한 징후를 보고 그 반동형성으로 타인과의 욕망을 욕망하는 태도를 보이고 있다. 욕망은, 무의식이 원하는 욕구와 말로 표현하는 요구 사이에서 발생한다. 라캉이 말하지 않아도 인간은 언어를 사용하는 현실 세계에서 "타자의 욕망을 욕망하는 존재다." 욕망의 속성은 타인과 비교해서 차이가 발생하는데, 결손을 메우고자 하는 인간의 본질을 담는다. 욕망은 고정점이 없기 때문에 만족을 모르고 계속 미끄러진다. 왜냐하면 현실 세계에서 언어가 인간의 사유를 규정해 버리기 때문에 결손 부분에서 욕망이 발생하는 것이다. 그 때문에 욕망은 현실 너머의 극 쾌락감을 얻지 못한다. 욕망에 관한 시편은 (「슬픈 각도」, 「하룻밤쯤」, 「최고의 남자」, 「자라나는 혀」, 「처음을 늘 마지막처럼 말하고」, 「가만히를 구겨 변덕에 넣으면」) 등이다. 이 시편에서 시인은 이상(초록의 젊음을 누리고자 하는 방식)과 현실의 괴리에서 욕망을 발생시킨다. 현실에서 시인의 몸은 가냘픈 데 반해, 영화에서 타자의 몸은 육감적이다. 또한 현실 세계에서 각별한 타자는 시계추 같은 사람인 데 반해, 이상적인 타자는 초록의 젊음과 불굴의 의지를 가진 완벽한 존재다. 그러므로 시인은 자신의 행동 양식을 통해 이상화된 타자에게서 결핍된 욕망을 채우고자 한다.

한편 시인의 정신활동에서 욕망과 억압은 한 짝이다. 타인의 이상화된 몸이나 무한 자유에서 화자가 그 욕망을 과도하게 욕망하면 내적으로 불쾌감이 일어난다. 불쾌한 감정은 그 사건으로부터 한걸음 물러서게 되는 정신 상태(mental state), 즉 억압이다. 또한 억압은, 무의식이 감정을 억눌러 의식에서 떠오르지 않게 하는 본능적 작용이다. 이러한 작용은 시인이 타자와의 경험 안에서 어떤 욕망을 취하고, 그 행동양식으로 인해 어떤 감정을 드러내는지와 연관이 있다. 억압에 대한 시편으로는 (「슬픈 각도」, 「처음을 늘 마지막처럼 말하고」, 「호수에 잠긴 달」, 「가만히를 구겨 변덕에 넣으면」, 「밤의 질감」) 등이 있다.

> 모래의 소문을 떠받드는 감정은
> 당신을 위한 나의 욕망이죠
>
> 혼자 걸어도 나쁘지 않은 길을
> 보폭을 맞추면서 오래도록 걸어왔어요
> 한 켤레의 신발이 다 닳을 때쯤
> 사막 장미가 지고 있다는 걸 알았죠

… 중략 …

오직 나의 의지인 한솥밥을 위해,
쏠림 없는 평정의 발자국을 위해
사하라의 은색 개미처럼 태양광선을 버리고
한 사람의 발바닥이 낮아지고 있어요
　　　　　　　　　　　　－「슬픈 각도」일부분

　이런 날은 컵 속의 하트가 미궁 속이어서, 또 근사해서 호기심 많은 눈빛이
　애써 초록을 떠올렸다

　앙키세스, 내가 향하는 키프로스는 나무가 바다를 건너가는 세계!

　… 중략 …

　컵 속에서 싱싱하게 출렁이는 하트를 저어
　아리아드네의 실타래 같은 입술 흔적을 지우며, 마시는 일
　　－「처음을 늘 마지막처럼 말하고−아프로디테」일부분

화자 외부에 대한 욕망은 '초록'과 '입술'이고, 가족에 대한 욕망은 '소문을 떠받드는 감정'이다. 나열된 두 시를 합해서 보면, 화자는, "나무가 바다를 건너가는 세계"와 "혼자서 걸어도 되는 길을 보폭을 맞추면서 오래도록 걸어"가는 것에서 욕망을 드러낸다. 화자의 행위는 가족과 외부 세계에서 오는 욕망이 환유적 속성을 띠는 데서 미끄러진다는 것을 알 수 있다. 하지만 화자는 욕망의 속성에 대해 꿈과 환각에서도 만족을 얻지 못한다는 걸 잘 인식하고 있다. 그러한 이유로 화자는 대상을 향해 더 이상 유혹의 감정이 흐르지 않게 자신의 감정을 억압하고 중지해 나간다. 그 예로 화자의 행동양식은 "태양광선"을 향해 몸을 낮추고, "입술 흔적을" 지우는 등 이상화된 욕망을 억제한다. 「슬픈 각도」에서 '태양광선'의 은유는, 대상에 대한 화자의 높은 기대를 버리는 일이고, '입술 흔적을 지우는' 관습적 환유는, 카페라테의 심볼을 마셨던 화자의 무의식 욕망을 억압하는 것이다. 따라서 욕망과 억압의 경계 또한 정신 영역을 보존하는 무의식의 힘이다. 이 시에서 화자의 정신활동은 욕망과 억압의 경계에 서 있는 제 '정체성 찾기'라고 할 수 있다.

　화자는 욕망에 발을 들여놓지도 못하고, 그렇다고 완전히 물러서지도, 억압하지도 않은 채 경계에서 어떻게든 제 위치를 확립하고자 노력한다. 욕망과 억압의 경계 시편은 (「멀

원(願)」,「비대면 처방전」,「젓가락 기억법」,「간격」,「가만히를 구겨서 변덕에 넣으면」,「파문」,「마지막 불꽃」)등이다.

젓가락에는 아무도 모르는 눈금이 있다

살구 밖을 나오는 할머니
굽은 등을 펴서 먼 산을 치켜올리는 시선이
내 손가락 끝에 닿아 지느러미를 철썩인다

―우리 희선이 젓가락 멀리 잡아 시집도 먼 데로 가것다

섬이 섬인 줄도 몰랐던 그때,

뭍에서 건너온 뽀얀 다리는
햇빛을 데리고 논 적 없는
또 다른 눈부심
한 발짝 건너가고 싶은 내일이라서
섬 귀퉁이를 접어 육지로 보냈다.

… 중략 …

이제는 정붙일 때도 되었는데,

무심히 한강을 건너다가

햇빛을 업고 놀던 그날이 떠올라

섬이 섬에서 섬을 만들어야 하는데

먼 데가 이곳이었을까

젓가락 한 짝을 유심히 바라본다.

대문 밖의 사천 방언

                              -「젓가락 기억법」 일부분

바다의 반환점에 새파란 농담이 흐르고

영생에 퇴적된 지층의 목소리가

유연한 물살에 되살아오는 바예스타 군도,

아직은 남은 것이 있어서 살고 싶은 새들은

바다가 휩쓸고 간 갈증을 마실 때마다

파도는 낮은 곳으로 와

나의 일상을 살랑이었다

                                    -「멀 원(遠)」 일부분

「멀 원_遠」은 화자의 욕망과 억압을 극명하게 보여주는 시다. 성장단계에서는 '욕망'이 생기지 않았지만 육지로 이주한 후 대도시 생활, 그리고 섬의 현실적 상황과 마주하면서부터 점차 생겨난다. 섬에서 어린 화자의 시선은 파도의 철석임을 보는 것이고, 도시적 공간에서 화자의 시선은 '눈부심'이 일어, '내일에 대한 희망'을 욕망하는 것이다. 하지만 화자에게서 도시적 공간은 진정 내일을 여는 공간이 아니며, 섬 또한 진정한 섬이 아니다. 그 이유는 대도시 인간의 무심한 개인주의나 고향의 현실적 체험에서 오는 인간의 탈주 욕망에서 슬픔과 불안을 느끼기 때문이다. 화자는 반대급부적으로 '바예스타 군도'에서 살아가고자 하는 욕망을 펼친다. 그 심적 의도는 "아직은 남은 것이 있어서 살고 싶은 것"이 있어서이다. 숱한 지역이 있는데, 하필이면 '바예스타 군도'에서 '초록' 젊음을 펼치고자 할까? 그곳에는 도시적 삶에서의 갈증과 현실적 고향이 주는 고통을 희석할 수 있는 '새파란 농담'이 있고, '섬의 지층이 영생에 퇴적된 목소리'가 있기에 살기 가능하다. 이 시행에서 '영생에서 퇴적된 목소리'는 종교적 현상이라기보다는 시인으로서 시의 본질을 잘 탐색하라는 초자아의 목소리로 들린다. 대도시와 바다의 반환점인 경계에는 심리적 세계가 병렬 형태로 나타난다. 생리 전과 생리 후의 경계는 '해법'으로 나타나고, (「마지막 불꽃」), 깊이와 넓이의 경계는 '촉'으로 나타난다. (「파문」) 또한 '없는 약속'과 '있는 약속'의 경계에는 마음이 미래에 스며들지 못하게 하는 '절박성'으로 나타난다. (「비대면 처방전」) 결국 병렬적 형태를 겹쳐보면, 지금 화자의 심리적 세계는 이상에 대한 욕망과 그것을 억제하려는 억압 사이 경계에서 안정을 취하고자 한다. 또한 그 경계에서 화자는 시인으로서 시의 본질을 탐색하고, 시적 가치를 드높이고자 노력한다. 따라서 바예스타 군도는 화자의 새로운 자아 정체성을 확립하는 장소라고 할 수 있다.

가족과 사회적 관계 때문에 시인에게 욕망이 생기고, 그 욕망에 만족감을 얻지 못하자 시인은 갈증을 느낀다. 시인이 일렁이는 욕망을 억압하고 정신적 안정을 취하고 싶은 곳이 육지와 바다의 경계, 곧 바예스타 군도이다. 추체험과 체험에서 생긴 불쾌한 감정은 원체험에서 생긴 유쾌한 감정들과 합쳐져 합일의 조화를 요청하고 있다. 경계에서 새롭게 형성된 시인의 자아 정체성은 내면적 요인과 지리학적 특성, 가족과 사회적인 요인에 의해 시적 본질을 탐색하고자 하는 강한 의지를 드러내고, 또 그 의지가 가치관으로 나타나기도 한다.

경계, 시적 정체성 확립

경계는 구획과 구획을 결정짓는 선이다. 경계에 있는 시인은 이쪽과 저쪽을 다 가질 수 있고, 반대로 이쪽과 저쪽에서 다 배척당할 수 있다. 그래서 정체성은 양립적이다. 자아 정체성이란, 다성적이고 다양해서 완전히 고정된 것이 아니다. 앞 장르에서도 보았듯이 정체성은 감정이나 정서, 의지 등 다양한 측면이 서로 분리된 게 아니다. 이 감정들이 하나로 혼융되어 한 시인의 자아 정체성을 만들어 간다. 이 정체성은 시인에게 풍성한 세계관을 열어주기도 하지만 때때로 편향성을 주기에 정신적 혼란을 느끼게도 한다. 그 점에서 시인은 "文魚가 文語로 바뀌는 일"(「문어」)이 섬과 대도시의 경계인으로서 자아 정체성이라고 밝힌다. 섬이 고향인 시인의 시에 대한 역할은, 섬의 기표를 기의와 통합한 후 언어를 바다의 사물성으로 제시하는 일이다. 시를 향한 책임 의식과 시에 대한 순수 표현이 새롭게 형성된 정체성을 통해 시인이 시적 가치를 드높이는 게 아닐까? 결국 시인의 총체적 심리 세계로의 확대는 시적 정체성으로 귀결된다고 할 수 있다. 이 정체성에 관한 시편은 (「오후 세 시의 연인」, 「캄캄하면 겁부터 난다는 내게」, 「마지막 불꽃」, 「천사의 언어」, 「미네르바를 위하여」) 등이다.

작거나 소박해서 금세 보이지 않지만

균형을 잡고 피어오르는

숨은 히어로

머리를 수그리고

더 깊이 볼 수 있는 곳에

꽃씨가 돋아 오르고 있으니

—「천사의 언어」 일부분

저물녘이면 올빼미 같은 눈을 부릅뜨고

그물로 짠 해먹에 걸리지 않게

씨줄 날줄 시를 짜지 않을까요

당신이 가깝게 보인다고

섣불리 보이는 혹등을 나의 혹등으로

끌어와 쓰지 않을게요

… 중략 …

나는 어둠이 내리면 꾀가 생겨나요

겉에서 보면 나의 작은 왕국에는

> 늦은 밤까지 볼펜 굴리는 소리 요란하지요
>
> — 「미네르바를 위하여」 일부분

　이 시에서 화자는 시인으로서 가치관 추구라는 새로운 자아 정체성을 드러내고 있다. 새로운 자아 정체성은 대상에 대한 탐구로부터 시작된다. 화자가 '작은 꽃'의 특성을 자세히 보고 탐구한 결과 이는 "균형을 잡고 피어오르는/숨은 히어로"라는 것을 인식하게 된다. '히어로'에 대한 시적 표현으로 경계에 서 있는 자신과 그 의미를 동일시하고 있다. 역으로 생각해 보면 화자는 '작은 꽃'과 '숨은 히어로'를 등가로 놓음으로써 자기 투사 심리를 드러내고 있다. 이러한 심리는 시에 관한 본질로서 정신적 혁명을 '작은 꽃'과 '히어로'라는 객관적 상관물을 통해 화자 자신의 소망을 표현한 것이다. 더욱이 화자는 '작은 꽃'과 대화하기 위해 자세를 낮춤으로써 "꽃씨가 돋아 오르는" 놀라운 현상을 발견해 낸다. '낮은 자세'는 시적 대상과 대화하기 위한 화자의 태도이자, 책임의식이라고 할 수 있다. 화자는 시 쓰기에 관한 세계관을 예술혼에 비유함으로써 미네르바가 올빼미 같은 눈을 부릅뜨고 그물로 짠 해먹에 걸리지 않겠다고 말한다. 이 말을 통해서 보면, 화자의 관점은 세계를 근본적으로 인식하는 것에 그 시적 가치를 두고 있다는 뜻이다. 또한 화자는 섣불리 보이는 혹등을 나의 혹등으로 끌어와 쓰지 않겠다고 선언하는 것도 이와 같다. 화자의 차원 높은 도덕성과 윤리의식을 의미하는 지점이다. 타 시인의 시 소재를 가져와 쓸 만큼 화자가 의식이 없는 것도 아니고, 섬과 도시인으로서 살아온 경계인의 체험이 무궁무진한데, 구태여 타 시인의 사유까지 끌어와 쓸 필요가 없다는 뜻이다. 이 선언은, 경계인으로서 화자의 자아 정체성이 시에 대한 탐구의식과 세계관에 대한 윤리의식을 드러내고 있다. 따라서 화자의 시 쓰기는 미적 경험과 상상력의 생생한 창조적 표현을 통해 시적 가치를 드높이는 일이다.

전체적으로 볼 때 강빛나 시인의 첫 시집은 사회 이면과 주변 삶을 원체험과 추체험 또한 고향이 주는 현실적 체험을 통해, 현대인의 정신 현상에 들어있는 욕망과 불안과 충동 등의 관계를 하나로 융합한 총체적 심리 세계를 보여주고 있다. 첫 시집인데도 거칠지 않고, 안정적이면서도 충돌 관계를 드러내는 시편들은, 강빛나 시인이 한 장르에 국한되지 않고 현대인의 정신 구조를 탐색하고자 노력했다는 걸 잘 알 수 있다. 이러한 사실은, 시인이 섬과 대도시의 경계인으로서 자아 정체성을 새롭게 형성하여 차원 높은 문학적 목표를 지향하겠다는 의지로 이해된다. 『만지면 없는 당신을 가졌어요』는 시인의 첫 작품이고, 현대인의 정신 경험을 다루었다는 의미에서 이 시집의 가치는 크고 충분하다. 이러한 점이 다음 시집을 기대하는 이유이다.

지성의 상상 시인선 040

만지면 없는 당신을 가졌어요

초판 1쇄 발행 2024년 4월 25일

지 은 이 강빛나
펴 낸 이 한춘희
펴 낸 곳 지성의 상상 미네르바
등록번호 제300-2017-91호
등록일자 2017. 6. 29.
주   소 03131 서울특별시 종로구 율곡로 6길 36,
　　　　 월드오피스텔 802호
전   화 02-745-4530
전자우편 minerva21@hanmail.net

ISBN 979-11-89298-65-4 (03810)

값 12,000원

* 이 책은 전부 또는 일부 내용을 재사용하려면 반드시 저작권자와 미네르바의 동의를 받아야 합니다.
* 이 도서의 국립중앙도서관 출판시도서목록은 서지정보유통지원시스템 홈페이지(http://seoji.nl.go.kr)와 국가자료공동목록시스템(http://www.nl.go.kr/kolisnet)에서 이용하실 수 있습니다.